무속 위에 명리, 명리 위에 성격

에세이 철학

무속 위에 명리
명리 위에 성격

권후선 지음

도서출판 **참**

무속 위에 명리, 명리 위에 성격

초판1쇄 인쇄 2023년 6월 2일
초판1쇄 발행 2023년 6월 9일

지은이 | 권후선
전자우편 | hoosun0619@naver.com
편집디자인·출판 | 도서출판참 053)256-6695
주소 | 대구광역시 중구 명륜로6길 8 (3층)

ⓒ 권후선 2023
ISBN 979-11-87023-28-9
책값은 뒤표지에 있습니다.

프롤로그

먼저 이 책은 지식을 전하기 위한 책이 아님을 알린다. 성격심리나 상담심리를 공부하고자 이 책을 읽는다면 그리 권하고 싶지 않다.

내가 속한 모임에는 당연하게 생각하는 무언의 법칙이 있다. 예를 들어, 저녁 6시가 모임이라면 우리는 6시 10분에 저녁 메뉴를 주문한다. 여러 명이다 보니 일이 있어 늦는 사람도 있을 수 있다.
늦으려고 해서 늦는 것도 아닌데 어떻게 그렇게 야박하냐고 할 수 있겠지만, 늦게 오는 사람을 배려해서 기다려 준다면 시간에 맞춰온 사람들은 누가 배려해주는가? 둘 모두를 배려할 수 없다면 먼저 온 사람을 배려하고 싶다.

전공자를 위한 서적은 많기에, 나는 전공자가 아닌 비전공자를 배려하고 싶다. 이 책은 전공자가 아닌 일반인들이 읽어도 쉽게 읽혀질 수 있도록 나의 경험과 살면서 가지게 된 나만의 철학을 바탕으로 성격과 심리이론을 재밌고 담담하게 엮은 에세이 철학이다.

우리가 살아가면서 겪는 많은 갈등은 대부분 인간관계에서 발생한다. 나는 이러한 인간관계에서 발생하는 많은 갈등상황이 성격심리를 공부하면서 서로 다름을 이해하지 못하기에 오는 것임을 알게 되었다. 그렇기에 나는 이 책을 나와 타인의 다름을 이해하지 못해 마음이 답답하고 힘들어하는 이들에게 권하고 싶다.

이 책을 통해 일반독자들이 성격심리와 상담심리를 쉽고 재밌게 접근하여 마음이 편안해지는 방법을 스스로 찾을 수 있길 바란다.

나는 요리를 배우지 않고 나만의 방법으로 요리하기 시작했다. 싱거우면 소금 더 넣고 짜면 물 더 붓고 하면서. 가끔은 남편을 깜짝 놀래킬 때도 있고, 또 가끔은 획기적인 요리에 나 스스로가 놀랄 때도 있다.

책을 내고자 맘먹고도 어떻게 쓸까 생각한 적 없다. 그냥 아침에 일어나 생각나는 데로 글쓰기 시작해서 어깨가 아파 더이상 자판을 두드리지 못할 때까지 썼다. 글을 쓰는 것이 재밌다. 글을 쓰고 싶어 아침에 눈이 번뜩 뜨인다.

  '요리를 배운 적은 없지만, 나만의 요리를 해내듯 나만의 글이 나올 거야'

  그렇게 그렇게 쓴 내 글을 마음을 다해 정성껏 차려낸다.
  여기까지는 나의 과제이고
  맛 평가는 여러분의 과제이다.

권 후선

차례

1

인간은 그리 만만하지 않다 늘 신에게 도전한다 ············ 12
성격은 바뀔까? ··· 19
무속 위에 명리, 명리 위에 성격 ··································· 30
바라보는 관점 바꾸기 ··· 41
비가 올 것을 안다면 미리 우산을 준비하자 ···················· 46

2

문고리와 성격 ··· 54
명확하게 바라는 것을 얘기하라 ···································· 57
이유가 뭘까? ··· 65
나를 돋보이게 하는 방법 ··· 71
나비효과 ·· 76
가치는 바뀐다 ··· 82
바라는 만큼 독해져야지! ··· 87

3

엄마의 마법가루 ················· 94
인연 ························· 100
재미있는 일과 잘 하는 일 ··········· 106
무엇을 감사할까? ················ 111
글쓰기는 요리다 ················· 116
일개 개미의 걱정 ················ 121

4

연꽃과 선인장 ·················· 128
판도라의 상자 ·················· 133
마음이란 놈 ··················· 139
타인의 시선에 관심이 많은 이들 ········ 144
모든 출발은 '알아차린다' 는 것 ········ 150

5

몸과 무의식	158
도미노 현상	165
자존심과 자존감	175
꿈 이야기	181
갈등 해결방법 '나 전달법'	189

6

당연한 것 아닌가?	196
행복해지는 방법 세 가지	201
성격에 맞게 대하라	211
나의 에니어그램 성격유형은 무엇일까?	219
에니어그램 성격유형을 깊게 파고들면	232

1

인간은 그리 만만하지 않다
늘 신에게 도전한다

인간들이 거대한 바벨탑을 쌓아 신에게 도전하려 하자, 신은 하나였던 언어를 각각 다르게 하여 인간을 혼돈의 도가니로 몰아넣어 바벨탑을 무너뜨리게 하였다. 그렇게 인간들은 서로 다른 언어를 가지고 세상에 뿔뿔이 흩어져 살게 되었고 다시는 신에게 도전하지 못하였다.

언어는 참으로 중요하다.
언어는 인간들이 서로를 이해하고 소통할 수 있게 하는 중요한 도구다. 인지는 아무 문제 없어도 언어가 어둔하면 왠지 그 사람의 지적 수준을 의심하게 된다.
아는 지인의 언니가 교통사고를 크게 당해 신경에 문제가 생겼다. 그러한 문제는 몸과 언어를 어둔하게 만들었다. 부모님은 그런 딸이 안쓰러워 '혹 결혼을 하여 부부관계를 가지면 나아질까?' 하는 생각으로 불구의 몸임을 감안하여 지적 수준이 조금 낮으나 형편이 부유하고 외모가 출중한 신랑과의 결혼을 주선했다. 지인은 본인이 결혼한 우리 웨딩숍에서 하면 좋겠다며 찾아왔고 조금의 힘든 점은 있었지만, 결혼식은 무사히 치러졌다. 그리고 얼마 뒤 우연히 지인에게 언니는 신랑과 헤어져 집으로 돌아와 있다는 얘기를 들었다. 왜 헤어졌냐고 물으니 신부는 언어가 어둔하지 인지가 어둔한 것은 아니었기에 신랑과 소통이 쉽지가 않아 신부 쪽에서 헤어지자 했다고 알려줬다.

여기 경상도 친구와 서울 친구가 서로 답답해하면서 실갱이를 벌이고 있다.

경상도 친구가 서울 친구한테

"이게 뭐꼬?" 하니 서울 친구가

"뭐꼬가 뭐니?" 하며 다시 묻는다.

그러자 또다시 경상도 친구가

"뭐니는 또 뭐꼬?" 한다.

이 정도의 작은 차이에도 소통이 어렵다. 신은 참으로 대단한 선견지명을 가졌다.

남편이 이사 하면서 금고를 장만했다. 전에 살던 집에서 도둑이 들어 현금과 금붙이를 모두 가지고 갔기에 불안을 안고 살아가는 6번 사슴유형 성격인 남편은 새로 이사 오면서 최고의 과제가 다시는 도둑을 맞으면 안 되겠다는 것이었고, 해법은 들어오는 것을 막을 수 없다면 못 가져가게 하는 것이었다.

금고는 우리 집에서 제일 찾기 힘든 곳에 자리 잡았다. 그런 금고 속에 들어있는 것이 '라면'이다. 아이들이 라면을 못 끓여 먹도록 숨겨놓은 것이었다.

신도 인간에게 이중잠금장치를 해 놓았다.
그래도 인간을 믿지 못한 신은 이중잠금장치로 인간들의 소통을 막고자 했다. 그것은 인간에게 자기만의 지도를 가지고 세상을 살아가도록 한 것이다. 이것이 바로 성격이라는 지도다.
그렇게 하여 우리는 모두가 독특한 자기만의 성격이라는 지도를 가지고 세상을 살아가게 됐다. 각자가 가진 삶의 지도가 모두 다르다는 것을 알기에 인간은 자기 지도가 정확하다며 지금까지도 우기고 있다. 한 수 더해 자기 지도가 어떤지도 잘 모르면서 자기 지도를 다 안다고 큰소리치며 다른 사람의 지도를 살피려 든다. 인간은 이로 인해 크고 작은 갈등상황을 맞게 되었고, 관계는 더욱 어려워져 지금까지 고통을 겪고 있다.
신들은 위에서 이러한 인간들을 바라보며 자기들의 계략을 감탄하며 자축하고 있을 것이다.

우리는 다름을 이해하지 못해 인간관계에서 크고 작은 갈등상황을 겪게 된다. 다름을 이해하지 못해 갈등하는 대표적인 예로 '호식이와 우순이의 사랑 이야기'가 있다.

호식이와 우순이가 서로 사랑하게 되었다. 호식이는 우순이의 무던하고 단아한 성격에 반했고 우순이는 호식이의 호탕하고 과감한 성격에 반했다. 하루는 우순이가 호식이에게 저녁을 대접하겠다며 집으로 초대했다. 우순이는 너무나도 좋아하는 보드라운 풀을 예쁜 그릇에 정성껏 담아 본인의 마음을 표현했다. 호식이는 설레는 마음으로 평소 우순이의 단아한 성격과 어울리는 저녁 식사를 기대하며 식탁에 앉았다. 하지만, 기대는 깨졌다. 호식이가 전혀 먹고 싶지도 않고, 먹지도 않는 풀이 깨끗하게 차려져 있는 것이었다.

호식이는

'아니! 이 여자 성격 이상하네. 나를 어찌 보고 이리 하찮은 음식을 대접하지?' 이런 생각을 가졌지만, 그래도 우순이를 사랑하는 마음이 컸기에 본인의 마음을 전해서 우순이와의 사랑을 계속 유지하고 싶었다. 그래서 호식이는 우순이를 집으로 초대했고 최대한 마음을 담아 본인이 평소에 제일 좋아하는 사슴의 보드라운 가슴살을 잘 다듬어서 정성껏 식탁을 차렸다. 우순이는 잔뜩 기대하고 들뜬 마음으로 호식이네 집으로 왔다. 하지만 식탁을 보고는 깜짝 놀랐다.

'아니! 이 남자 성격 이상하네. 내가 그렇게 정성껏 대접했는데 잘 먹지도 않더니. 뭐! 나 보고 이런 걸 먹으라고?'

이렇게 둘은 진정으로 서로를 사랑했고 서로를 위하는 마음이 컸지만, 서로의 다름을 이해하지 못해 갈등의 골이 깊어져 끝내 헤어지게 되었다는 슬픈 사랑 얘기다.

신의 선견지명은 잘 들어맞았다. 인간의 각기 다른 성격은 인간들이 풀기 힘든 가장 난해한 수수께끼가 됐다.

에니어그램 성격유형에서는 성격을 3가지 힘의 중심으로 맨 처음 구분하기 시작하여 9가지 성격유형으로 나누고, 다음 2가지 날개로 나눈 뒤 마지막으로 9가지 인격 단계로 나누어 설명한다. 이들 모두를 계산하면 486가지의 성격유형이 나온다. 이는 주위에 나와 같은 성격유형을 가진 이가 거의 없다는 것이다. 그러니까 우리 모두의 성격이 다르다는 것이 된다. 이런 다른 성격을 이해할 수 없기에 인간은 어려운 수수께끼에 봉착하면 늘 성격 탓을 한다.

"저 사람 성격이 왜 저렇지?"

"어떻게 저런 성격을 이해할 수 있겠어."

"참으로 이상한 성격을 가졌네!"

"나랑은 성격이 안 맞아"

지금도 여전히 알게 모르게 끊임없이 인간은 신에게 도전하고 있다. 수수께끼는 언젠간 풀리게 되어있다. 신이 생각하는 만큼 인간은 그리 만만하지 않거든.

인간은 언어가 달라서 바벨탑을 쌓지 못함을 알게 되었기에 영어를 세계공용어로 만들었고, 회화 어플을 만들어 더욱 쉽게 언어적 소통을 할 수 있게 했다. 그렇게 하여 지금은 언어가 다른 외국으로 여행이 자유로워졌고, 외국에 나가서 쇼핑을 즐기고, 색다른 음식을 맛보고, 유명한 관광지를 찾아다닐 수 있게 됐다.

언어를 정복하게 되자 이젠 자기만의 마음의 지도를 정복하고자 노력한다. 뇌와 유전자를 분석하여 생각의 흐름을 파악하고 있다. 그리고 여러 가지 성격유형 어플을 만들어 각자의 성격이 상대와 어떻게 다른지 알려고 하고 있다.

예전엔 모든 나라가 세상의 중심에 본인들의 나라가 있다고 생각하였기에 모든 나라에서 사용하는 지도가 달랐다. 그렇지만 지구본이 나오면서 한 번에 사라졌다. 그런데 마음은 언어보다도 몇백 배 복잡하고 난해하다. 모든 문제에 있어서 두 번째 관문이 더 어렵기 마련이거든.

유발하라리는『호모사피엔스』에서

'인간이 신을 발명할 때 역사는 시작되었고 인간이 신이 될 때 역사는 끝날 것이다'고 하였다.

　만약 인간이 마음의 지구본을 만들어 낸다면 유발하라리가 예언한 '호모 데우스'가 탄생하지 않을까?

성격은 바뀔까?

"사람은 바뀔까요?"라고 누가 질문을 한다. 사람은 바뀌는 게 있고 바뀌지 않는 게 있다.

앞의 주어를 성격으로 넣어보자.

"사람의 성격은 바뀔까요?"라고 질문을 하면 바뀐다고도 하고 바뀌지 않는다고도 한다.

"네. 바뀝니다."라고 대답하는 사람에게

"왜 그렇게 생각하시죠?"라고 질문을 하면

"우리 옆집에 큰 애가 진짜 성격이 이상하였는데 지금은 너무 너무 착해졌어요."라고 대답한다.

어떤 사람은

"우리 윗집 아저씨가요 진짜 진짜 사람 좋았는데 지금은 무슨 영문인지 너무 난폭한 것이, 사람 영 이상해졌어요."라고 성격은 바뀐다고 확신하며 말한다.

 바로 답을 하자면, 성격은 바뀌지 않는다.
 우리는 태어날 때 혈액형이 정해져 태어나듯 성격도 정해져 태어난다. 혈액형이 B형인 사람이 살아가면서 A형으로 바뀌지 않듯이 성격 역시 태어날 때 가지고 태어난 성격유형을 죽을 때까지 가지고 간다.
 법륜스님이 늘 하는 얘기가 있다. 성격을 바꾸고 싶다면 전기충전기로 옆구리를 찔러서 죽다 살아나야 한다. 그것도 한번이 아니라 세 번을 죽다 살아나야 성격이 바뀐다. 그러니까, 죽기 전에는 성격이 바뀌지 않는다는 것이다.
 유영하의 소설 『살인자의 기억법』에서는 주인공이 연쇄살인을 계속 저지르다가 큰 교통사고를 당하게 되고 뇌를 크게 다쳐 몇 번의 뇌수술을 받게 된다. 그러면서 그렇게 자다가도, 밥먹다가도 언제 어디서든 불쑥 튀어나오던 살인의 충동이 사라지게 됐다.
 성격은 몇 번을 죽다 살아나지 않고서는 혹은, 타고난 뇌를 바꾸지 않고서는 바뀌지 않는다.

 그럼 성격이 바뀌었다고 하는 사람들은 무엇이 바뀐 것일까?
 위의 두 사람은 성격이 바뀐 게 아니라 인격이 바뀐 것이다.

성격을 크게 9가지로 구분하는데 각각의 9가지 성격을 다시 9가지 인격으로 구분한다. 혈액형으로 비유하자면 A형, B형, O형, AB형이 있는데 A형을 다시 A 1단계, A 2단계, A 3단계, A 4단계, A 5단계, A 6단계, A 7단계, A 8단계, A 9단계로 구분한다는 것이다. 여기서 1단계, 2단계, 3단계는 아주 훌륭한 사람들이고 4단계, 5단계, 6단계는 보통 우리 주위의 사람들이고 7단계, 8단계, 9단계는 흔히 우리가 나쁜 사람들이라 여기는 사람들이다.

성격이 변하였다고 하는 그 사람들은 인격이 7단계나 8단계에서 건강한 단계로 올라갔거나, 혹은 3단계나 4단계에서 나쁜 단계로 떨어진 사람들이다. 즉, 성격이 바뀐 게 아니라 착하고 나쁜 것으로 인격이 바뀐 것이다.

내가 성격 이야기를 하면 이런 질문을 자주 받게 된다.

"인터넷을 보다 보면 잘 맞는 성격유형들이 있다던데 나랑은 어떤 성격유형이 잘 맞을까요?"

나는 늘 이렇게 대답한다.

"좋고 나쁜 성격이 없듯이 잘 맞고 안 맞는 성격은 없어요. 어떤 성격유형인가가 중요한 게 아니에요. 아무리 잘 맞는다고 하는 성격유형들이 만나도 인격이 나쁘면 헤어지게 되고, 아무리 안 맞는 성격유형들이 만나도 인격이 높으면 문제없어요. 어떤 성격유형이더라도 인격이 높은 사람을 만나면 돼요."

'그럼 성격이란 무엇인가?'

우리가 태어날 때부터 가지고 태어나서 쭉 변하지 않고 다른 사람들과 구별되는 그 사람만의 성향이 성격이다. 이러한 성향은 우리 몸과 관련이 있다. 우리 몸은 세 가지의 에너지를 사용한다. 머리로 생각하고, 가슴으로 감정을 느끼고, 장에서 본능적으로 움직인다. 머리는 사고형 성격유형이고, 가슴은 감정형 성격유형이며, 장은 행동형 성격유형이다. 사고형과 감정형은 바로 어떤 성격유형인지 알겠지만, 행동형은 바로 떠오르지 않는다. 행동형은 장과 관련 있다. 우리의 몸에서 위, 장, 간 등 각각의 장기들은 본능적으로 저절로 움직이지 어느 것의 지시를 받지 않는다.

극단적인 예를 들어보면, 우리가 관광버스를 타고 열심히 '앗싸! 쿵따리 샤바라 빠빠빠' 하면서 관광버스 춤을 추고 있는데 갑자기 뒤가 마렵다. 항문이 생각이란 게 있거나 타인의 눈치를 본다면 그 상황에서 움직였겠는가? 그것이 행동형이다. 그냥 저절로 그러니까 본능적으로 행동한다고 하여 본능형 또는 행동형 혹은 장형이라 부른다.

사고를 주 에너지로 사용하는 사람들은 사고형 성격유형으로 합리적이고 효율적인 것을 선호한다. 이들은 미래에 초점을 두고 살아가기에 불안을 안고 산다. 감정을 주 에너지로 사용하는 사람들은 감정형 성격유형으로 다른 사람과의 관계나 주위의 시선에 관심이 많다.

이들은 과거에 초점을 두고 살아가기에 부끄러움을 안고 살아간다. 본능을 주 에너지로 사용하는 사람은 행동형 성격유형으로 체면과 옳고 그름에 관심이 많다. 이들은 현재에 시점을 두고 살며 분노를 내면 깊이 가지고 살아간다. 어떤 에너지를 많이 사용하게 되는가는 타고나는 것이다.

세상은
몇 명의 천재 사고형으로 발전하게 되고
몇 명의 천재 행동형으로 변화하게 되고
많은 감정형으로 평화로운 세상이 된다

그럼 내가 어떤 유형인가를 알아보자.

쇼핑할 때 성격유형이 제일 쉽게 나타난다. 어떤 물건을 살려고 할 때, 행동형은 바로 어떤 것을 사야 하는지를 안다. 본능적으로 유명한 회사제품, 다른 사람들이 많이 구매하는 제품, 값이 비싼 제품을 구매한다.

"좋은 회사가 어련히 알아서 잘 만들었겠지?"

"좋으니까 많은 사람이 구매하겠지?"

"가격이 비싼 만큼 질이 좋겠지?"

더 따져 볼 필요가 없으니 바로 구매하게 된다. 본인이 만약 어떤 물건을 구매할 때 빨리 선택해서 바로 산다면 행동형 성격유형이다. 난 전형적인 행동형이다. 물건 살 때 쿠팡에 들어가서 몇 가지 살펴보고 바로 구매하기를 누른다.

사고형은 물건을 구매할 때 요리조리 살펴보고, 이 회사 저 회사도 살펴보고, 가격과 내구성도 비교해 보면서 어떤 것이 더 효율적인지 꼼꼼하게 따져보고 구매한다. 본인이 물건을 살 때 잘 따져보고 구매한다면 사고형 성격유형이다. 남편이 사고형이다. 급한 행동형인 내가 볼 땐 답답하기 그지없다.

우리 집은 자기 경제는 자기가 알아서 한다. 웨딩숍을 하는 나는 여름에는 늘 돈이 마른다. 하루는 큰 애가 가방이 필요하다기에 남편보고

"도은이 가방이 다 떨어져서 그러는데 가방 사게 카드를 좀 주면 안 될까?" 하니

"내가 니를 우째 믿겠나 이 사람아. 또 어디 가서 이상한 거 대충하나 사 오겠지. 안봐도 비디오다. 내가 계산할 테니 세 군데 들러보고 견적을 알아와 봐라. 그러면 내가 보고 결정할 테니."

성격 급한 내가 어찌 세 군데를 알아보겠는가? 내 쪼대로 사는 내가 어찌 저런 말을 듣고 따르겠는가?

"됐다. 내가 알아서 할 테니 자알 먹고, 자알 살아라. 퉤퉤퉤"

나는 그냥 나의 카드를 사용했고, 연체되어 7월, 8월 카드회사 전화 몇 번씩이나 받고, 갚을 테니 전화하지 말라며 버티다가 9

월에 돈 벌어서 갚는다. 매번 여름이면 일어나는 일이다. 성격에 따라 참 다르게 살아간다.

감정형은 디자인이나 본인의 느낌을 중요하게 생각한다. 그리고 본인이 마음에 드는 디자인이 있으면 주위 지인에게 물어본다. 감정형은 주위의 시선을 중요하게 생각하기에 다른 사람들은 어떻게 생각하는지가 중요하다. 본인이 물건을 살 때 혹 주위에 물어보고 사는 경우가 많다면 감정형 성격유형이다. 언니가 감정형이다. 어제 보고 오늘 또 봤으면 사면 될 것이지 꼭 나에게 물어본다. 언니 역시도 내가 볼 땐 답답하기 그지없다. 행동형은 늘 답답하다.

단체 사진을 찍어봐도 바로 알 수 있다.

바로 나오는 사람들은 행동형이다. 성격이 급하고 주위 사람들을 별로 의식하지 않는다. 두 번째 나오는 사람들은 감정형이다. 감정형은 주위 시선을 중요하게 여기기에 너무 일찍 나가면 뻘쭘하고 나중에 나가면 눈치 보이니까 중간에 나오게 된다. 마지막에 나오는 사람이 사고형이다. 사고형은 모든 에너지가 머리에 가 있기에 몸 쓰는 것을 좋아하지 않는다. 그리고 주위 사람들도 별로 의식하지 않는다. 그러니 일찍 나가면 계속 서 있어야 하니 에너지가 소모된다는 것을 직감적으로 안다. 꼴찌로 나가도 주위의 눈치를 덜 신경 쓴다. 무의식적으로 타고난 각자의 신체에너지가 발동하여 모두가 다르게 행동하는 것이다.

　이처럼 성격에 따라 모든 행동이 다르게 나타난다. 같은 걸 바라보고 있더라도 모두 다른 생각을 하고 바라보니 다를 수밖에 없다.

　이렇게 세 가지 성격유형으로 구분하지만, 한가지 성격만을 사용하는 것은 아니다. 우리가 어떤 물건을 잡을 때 오른손잡이라고 해서 오른손만으로 물건을 들지 않는다. 두 손으로 물건을 든다. 하지만 오른손잡이는 오른손을 우선으로 사용하고 왼손잡이는 왼손을 우선으로 사용한다. 오른손잡이가 아무리 왼손 사용을 연습하였다 하더라도 급하게 넘어지면 본래의 오른손을 먼저 짚게 된다.

　왼손을 많이 연습하면 왼손의 힘이 좋아지듯이 성격도 자기가 태어난 유형이 아닌 다른 유형을 의식적으로 연습하면 에너지를 높일 수 있다. 그러나 아무리 연습하였다 하더라도 급할 땐 본인의 성격유형이 나오게 된다. 영어 공부를 열심히 하고 외국 생활을 오래 하였다고 해도 뜨거운 주전자를 잡게 되면 "앗! 뜨거"라고 외치는 것과 같다.

　이쯤 되면 의문이 들 것이다.

　'나는 신중하게 물건을 고르는 편이고 버럭 화도 잘 내고 소리

도 잘 지르는데 무슨 유형이지?'

'나는 주위 사람들한테 관심도 많고, 잘 지내고 싶고, 도와주고 싶고, 깊게 생각에 빠질 때도 있고, 매우 빠르게 행동할 때도 있는데 그럼 나는 무슨 유형이지?'

'나는 빠르게 행동하지만, 생각도 깊고 남들의 평에 잘 흔들리는데 무슨 유형이지?'

의문이 드는 게 당연하다.

앞에서도 얘기했지만, 우리는 한가지 성격만 가지고 있는 게 아니다. 세 가지 성격을 모두 가지고 있다. 그중에서 제일 많이 쓰는 성격이 본인의 성격인 것이다.

논문을 쓰면서 나는 재소자를 대상으로 성격을 조사하였는데, 기본적인 에너지만을 생각한다면 사기범죄에는 사고형이 적합하고, 폭력범죄에는 행동형이 적합하다는 생각이 들 것이다. 그런데 결과는 사기범죄에 행동형과 감정형이 많고, 폭력이나 절도범죄에 사고형이 많았다. 이것은 앞에서 말한 인격 단계와 관련이 있다. 인격이 낮아지면 반대의 성격유형이 나타난다. 에니어그램 성격유형이 다른 성격론과 다른 것은 성격이 항상성과 함께 역동적이라는 것이다. 역동적이라는 것은 인격이 움직이는 것을 말한다. 이러한 이유로 에니어그램 성격유형이 심리상담이나 인격수련 현장에서 사랑받는다.

나는 남편과 언니와 보내는 시간이 80%이고 나머지 모든 사람을 합쳐서 20%의 인간관계를 가지고 있다. 적고도 보니 참으로 좁은 인간관계를 가지고 있다는 걸 새삼 알게 된다. 나는 전형적인 행동형, 남편은 전형적인 사고형, 언니는 전형적인 감정형이다. 늘 감정, 사고, 행동이 만나서 놀고 있다는 것이다.

많고 적고의 차이가 있을 뿐이지 모두 감정 에너지를 가지고 있다. 행동형인 내가 어떤 점에서 감정에 상처가 생기면 밤잠을 설치며 감정이 끓어오른다. 인격이 떨어지면서 나쁜 감정형으로 바뀌게 된 것이다. 사고형인 남편이 감정이 상하면 엄청나게 화를 내고 소리를 지른다. 영락없는 행동형이다. 이 또한 인격이 낮아지면서 나쁜 행동형으로 바뀐 것이다. 감정형인 언니가 감정이 상하면 불같이 성질을 부린다. 행동형인 나보다 더 물불을 못 가린다. 이 역시 나쁜 행동형으로 바뀌어버린 것이다.

인격이란 것이 고정되어 있지 않다 보니 이렇게 한 번씩 다른 나쁜 유형으로도 변하지만 70~80%는 본인의 성격 에너지를 발산하며 살아간다. 여러 편의 논문을 쓰면서 알게 된 것이 '범죄는 이러한 인격의 변화를 증명한 것'이다.

내가 엄청난 것을 알아낸 것이다. 다시 생각해도 대단하다.

이렇게 우리는 어떤 에너지를 주로 사용하는지 정해져서 태어난다. 모든 성격은 좋은 점과 나쁜 점을 가지고 있다. 특별히 더 좋은 성격과 더 나쁜 성격은 없다. 단지 다를 뿐이다.

성격은 타고나지만, 인격은 만들어진다. 우리가 주위 사람들과 좋은 인간관계를 맺기 위해서는 성격을 바꾸려고 노력할 것이 아니라 인격을 높이려고 노력해야 한다. 인격을 높이는 방법은 뒤에서 얘기하겠다.

'성격은 바뀌지 않는다. 단지 인격이 바뀔 뿐이다.'

무속 위에 명리, 명리 위에 성격

매년 크리스마스 이브 때면 만나는 모임이 있다. 언니네 부부와 우리 부부, 그리고 우리 부부를 소개한 친구네 부부다. 그 친구는 아가씨 때 언니와 같은 직장에 다녔다. 친구의 남편과 나의 남편은 절친이다. 우리 셋이 나이가 같고, 친구 사이인 두 신랑과 형부도 나이가 비슷한 데다 대학 선후배 사이였기에, 거기다 같은 해에 모두 결혼하였고 아이들도 같은 해에 낳았기에, 우리 세 부부는 자연스럽게 친하게 지냈다.

대학에서 중문학을 전공한 언니가 직장을 그만두면서 명리학을 공부했다. 평소 한자에 관심이 많았고 어릴 적부터 엄마에게 자주 듣던 이야기 인지라 쉽게 접근하였고 재밌어했다. 가톨릭 신자인 친구는 언니의 명리 얘기를 달가워하지 않았지만, 한 고

집 하는 언니는 본인의 관심사를 매번 명리와 연결지었다. 참다 못한 친구는 언니에게 명리 얘기를 하지 말아 달라 요구했고 언니의 답변은 이랬다.

"니 종교는 가톨릭이고 내 종교는 명리다. 내가 니 종교를 존중하듯이 너도 내 종교를 존중해줘야지"

그런 언니의 종교에 대한 철학을 내가 성격을 연구하면서 새로운 이론을 내세워 반박하였다.

'무속 위에 명리, 명리 위에 성격'

우리 둘을 소개할 때 늘 하는 얘기다.

"엄마 아부지가 같구요, 주민등록번호 앞자리 6개가 같은 사이입니다요"

아! 하고 바로 알아듣는 사람들과 무슨 얘기지 하며 눈을 쳐다보는 사람들로 나눠진다.

그럼 다시 하는 얘기가

"열 달 동안 엄마 뱃속에서 동고동락한 사이입니다요"

그제 서야 아! 하고 웃으며 먼저 알아듣지 못한 것을 머쓱해 한다.

어릴 적 자라온 환경이 가치관 형성에 가장 큰 영향을 미친다고 하는데, 우리 둘이 자란 환경을 한번 살펴볼까?

같은 엄마 뱃속에서, 같은 부모 형제와, 같은 집에서, 같은 것을 먹고, 같은 친구들과, 같은 놀이를 하다가, 같은 이불을 덮고, 같은 시간에 잠을 잔다. 그리고 같은 학교, 같은 학년, 같은 반, 같은 자리에서 같은 선생님께, 같은 과목을 공부한다. 이 정도는 되어야 뭐가 좀 '같은 환경'이라고 명함을 내밀 수 있지 않을까?

 이러하다 보니 우리 둘은 외모뿐만 아니라 모든 면에서 닮은 면이 참 많다.

 시골인 우리 동네에 명리를 보는 집이 생기고부터 엄마는 해가 바뀌면 늘 신수를 보셨다. 그 전엔 점집에서 아주 가끔 신수를 보셨던 기억이 있다. 그때마다 엄마에게 "뭐라 하던데?" 하면서 궁금증 가득한 얼굴로 여쭤보면

 "너거는 올해도 다 좋다 카더라" 하신다. 태어난 년월일시가 같기에 우리 둘을 같이 묶어 '너거는'이라고 가리키는 것에 우리 둘은 의문을 제시하지 않는다.

 어른이 되어서도 우리 둘은 사주를 한 사람만 본다. 둘이 볼 필요가 없음을 누구보다 잘 알고 있다.

 신기하게도 우리 둘의 삶은 닮았다. 결혼 후도 예외는 아니었다. 같은 날 결혼을 하여 비슷한 시기에 큰아이를 낳았다. 결혼 전은 당연한 얘기고 결혼을 하고 나서도 우리 둘은 경제공동체

였다. 우리 둘은 같이 웨딩숍을 경영하였고, 남편들은 풋살축구장 두 군데를 같이 경영하였기에 각자 한군데씩 맡아서 관리했다. 그리고 같은 아파트 같은 라인에서 살았다. 아침이 되면 우리 둘은 같은 차를 타고 함께 웨딩숍으로 출근하고, 아이들은 사이좋게 같은 학교로 등교하고, 남편들은 각자의 사무실로 출근한다. 우리 둘이 출근하면 살림은 두 집을 같은 사람이 맡아 한다. 잠만 따로 잘 뿐이지 여전히 먹고 일하는 것을 같이 한다. 이러다 보니 우리 주변의 모두가 "사주가 같으면 삶이 비슷한 게 맞구나!"를 정설로 받아들였다.

한때 '바이오리듬'이 유행한 적이 있었다. 보험회사에 다니는 아는 지인이 매달 바이오리듬을 뽑아서 가져다주었는데 이 역시 우리 둘은 한 장만 뽑아주었다. 생년월일을 이용해서 한 달의 좋고 나쁜 흐름을 알려주는 프로그램인지라 두 장이 필요치 않았던 것이다. 신기하게도 우리 둘의 컨디션은 비슷했다.

언니가 가정주부를 선택하면서 우리 둘의 '같은 환경'은 작별하였다. 나는 계속 직장을 다녔고 같은 라인의 아파트에서 주택으로 이사를 하였다. 그리고 남편들도 다른 일을 하게 되었다.

한 참 시간이 흘러, 나이 들어 떨어진 체력으로 논문을 쓰려니 눈 초점이 흐릴 때가 많았다. 그러다 우연이 언니와 통화 중에

"논문을 너무 열심히 써서 그런가 운전하는데 표지판이 잘 안 보이네. 오늘따라 더 심하다." 하였더니

"니도 그렇나? 나도 오늘따라 눈이 영 침침한 게 초점이 많이 안 좋네. 난 논문도 안 쓰는데" 한다.

봄이면 비염으로 고생하는데 다른 날보다 더욱 심해 코가 아파 더이상 코를 풀 수가 없을 때도 혹시나 해서 물어보면 같았다.

이처럼 모든 것이 비슷한데 신기하게도 성격은 다르다. 에니어그램 성격유형에서는 성격을 행동형, 사고형, 감정형으로 크게 3가지로 나누어 분류하고 더 깊게 들어가서는 1번에서 9번까지 9가지로 나누어 분류한다. 9가지 각각의 성격유형마다 대표하는 동물을 설정하여 성격유형을 설명하는데 1번 성격유형이 소 그리고 2번부터 강아지, 독수리, 고양이, 부엉이, 사슴, 원숭이, 호랑이 마지막으로 9번 코끼리다. 나는 행동형인 8번 호랑이 성격이고 언니는 감정형인 4번 고양이 성격이다. 8번 호랑이 성격은 자신감이 있고 결단력이 있으며 사람들을 지배하려 드는 성격이다. 행동의 선이 굵고 성격이 강하며, 약한 것을 싫어하기에 약자로 보이는 것을 기피 하고 늘 경계태세를 늦추지 않는다. 4번 고양이 성격은 상냥하고 표현력이 있고 극적이며 변덕스럽다. 신중하고 조용하며, 감정적으로 거짓 없이 정직하고 자유와

낭만을 가장 중시 여기는 사람들로 평범한 것을 싫어하고 남들과 달리 특별한 존재라고 생각한다.

성격은 50%는 타고나고 나머지 50%는 어릴 적 환경에 의해서 결정된다. 각 성격유형은 그들의 독특한 성격적 특성으로 인해 같은 곳을 바라보더라도 바라보는 관점이 다르다. 이러한 다른 관점은 무의식 깊이 자리하면서 의식 전반을 다스리게 된다. 우리 둘은 타고나기를 다른 성격을 가지고 태어났기에 같은 환경에 살았어도 다른 성격적 특성을 좁히지는 못했다.

살아온 환경이 같기에 여러 면에서 가치관이 비슷한 이런 우리 두 사람도 어떤 것을 선택할 때는 성격이 개입하여 다른 것을 선택한다. 어떤 선택을 하든 그 시점은 비슷할지라도 그것을 선택할 때는 성격유형에 따라 다르게 선택하게 된다.

우리 둘은 결혼은 같은 날 하였지만, 바라보는 관점이 달랐기에 굉장히 다른 성향의 신랑들을 선택했다. 프로이드는 동성인 부모에게는 적대적이고 이성인 부모에게는 호의적이며 무의식적으로 성적 애착을 가지는 복합감정을 가지게 되는 것을 남자아이는 '오이디푸스 콤플렉스'이고 여자아이는 '엘렉트라 콤플렉스'라고 했다. '엘렉트라 콤플렉스'는 신화에서 아가멤논의 딸 엘렉트라가 아버지를 죽인 어머니에게 복수한다는 이야기에서 비롯되었는데, 여자아이가 아버지에 대한 강한 애정을 가지고 어머니에게 경쟁의식을 느끼는 것을 말한다. 이를 볼 때 같은 환경에서 자랐지만 이런 다른 성향의 신랑을 선택한 데는 아버지에 대한 무의식을 살펴볼 필요가 있겠다.

 평생을 시골에서 농사만 지으셨던 아부지셨지만, 누가 봐도 군수급 정도의 고위 공직자로 정년 퇴임하시고 시골에서 여가를 즐기고 계실 것으로 착각할 정도의 참으로 부유하고 지적인 외모를 가지셨다. 균형 있고 군더더기 없는 깔끔한 몸매, 고집스러운 눈매와 꽉 다문 입술, 넓은 이마와 윤기 나고 숱 많은 머릿결, 시원하게 높고 곧은 콧대는 살아온 환경과는 사뭇 다른 이미지로 보여지기에 충분했다. 그러나 맏이인 아부지는 일찍 할머니가 혼자되셔서 생계를 책임져야 하였기에 농사를 짓는다고 학교 문턱에도 못 가보셨다.
 하지만 대단한 웅변가셨다. 뛰어난 두뇌와 당신만의 자신만만함 그리고 아침저녁으로 라디오를 꼼꼼하게 챙겨 들으신 정보가 합해져 정치, 경제, 상식 모든 면에서 해박하셨다. 이런 해박한 지식과 타고나신 천재성으로 다른 사람들과 토론이나 논쟁을 좋아하셨다. 그리고 다른 사람들과 얘기 나누기도 좋아하셨기에 일하시다 말고 주변 사람들과 대화가 시작되면 일은 뒷전이셨다. 그럴 때마다 엄마는

"너거 아부지 만큼 웅변가는 드물끼다. 맨날 일은 뒷전이고 저래 웅변에만 관심이다" 하시며 불만이셨다.

그리고 굉장한 아집의 소유자셨고 대단한 자린고비셨다. 물고기가 통발에 한번 들어가면 못 나오는 것처럼 아부지한테 돈이 그러했다. 한 번 통장에 들어간 돈은 꺼내는 법이 없었다. 그러니 당연히 우리 집은 우리 동네에서 알부자로 불렸다. 우리 동네에서 농협 빚 없는 집은 우리 집뿐이었다. 농촌에서 수입이란 가을에 추수할 때 한 번뿐인데, 그런 농촌에서 농협 빚 없이 산다는 것이 살림을 사는 엄마에게 얼마나 혹독한 환경이었겠는가? 엄마의 힘든 삶은 아부지에겐 관심사가 아니었고 엄마의 불만은 아부지에겐 통하지 않았다.

엄마는 늘 우리 딸들한테

"너거 아부지 죽고 나서 꿈에도 보고싶은 적 없다. 우째 그리도 고집 세고 당신 생각만 옳다고 우기는지 언기중 난다"고 하셨다.

또한, 대단한 애처가셨다. 엄마가 아부지한테 불만을 토로하면 아부지는 늘 이 말씀으로 엄마의 입을 다물게 하셨다.

"내가 평생을 너거 엄마 말고 다른 여자는 손목 한 번 잡아본 적 없고 눈길 한 번 준 적 없데이"

지금 와서 생각해보면 '혹시 이 또한 돈이 걱정되어 다른 아줌마 손목 한번 안 잡은 게 아닐까?' 하는 의심을 우리 딸들은 해본다.

 이런 아부지에게 우리 둘은 다른 모습을 바라보았고 의식 하였는지 못 하였는지는 모르겠지만, 서로 다른 성향의 신랑감을 선택하였다. 나는 균형 잡히고 지적인 외모와 강한 아집과 굉장한 자린고비인 아부지 모습을 바라보았고, 언니는 대단한 웅변가와 애처가의 모습을 바라보았는지 그러한 신랑들을 선택하였다. 남편과 형부는 너무나도 다른 성향이다. 그럼에도 해가 갈수록 두 사람은 아부지를 더 닮아 간다. 요즘 따라 한 번씩 언뜻 남편이 '아부지가 아닌가?' 하고 놀랄 때가 있다.

 이런 서로 다른 성격은 우리 둘의 삶의 패턴을 바꾸었다. 그리고 지금은 서로 다른 삶을 살고 있다. 언니는 경제적, 육체적 효율성을 중요하게 여기기에 늘 몸이 편하고 경제적 손해가 적은 걸 선택하는 반면, 나는 명분을 중요하게 생각하기에 좀 힘들어도 경제적 이익이 적어도 '폼' 나는 걸 선택한다. 이런 성격 차이로 언니는 가정주부를 선택하였고 나는 일을 선택하였다.
 함께 일을 하면서 어떤 것을 두고 선택하게 될 땐 늘 부딪혔다.
 '나는 투자하자고 언니는 아끼자고, 나는 좀 더 일하자고 언니는 쉬자고'

 이러한 얘기를 쭉 언니에게 하고는

"니하고 내가 지금 다른 삶을 사는 건 명리가 아니라 성격 탓 맞제?" 물어보니

"그카이 그런 것 같기도 하고…." 하며 큰 반박이 없다.

언니가 이렇게 반박을 하지 않는다는 것은 수긍한다는 것이다.

성격이 명리를 이겼다.

요즘 성격유형에 관한 관심이 많다. 젊은 친구들은 처음 만나는 사람들에게 제일 처음 묻는 것이 "성격유형이 무엇이냐?"는 것이다. MBTI를 모르면 대화에 끼이기도 어렵다. 각종 세미나나 단체에서 성격유형에 대한 강연이 쏟아지고, 부모들은 자녀의 성격을 파악하여 효율적인 공부방법을 찾느라 혈안이 되어있고, 성격유형을 이용하여 자격증 취득을 종용하는 데도 많다. 기업체에서는 면접 볼 때 MBTI를 묻고 자기 기업 성향에 맞는 인재를 뽑고자 하며, 성격유형에 맞는 자리를 배치하고자 하는 시도도 늘어나고 있다.

그런데 이렇게 중요한 성격유형을 중요하지 않다는 사람들이 있다. 이들에게 얘기하고 싶다.

"누가 함부로 성격유형이 중요하지 않다고 하십니꽈?"

우하하하….

성격이 비슷하다는 것은 바라보는 방향이 비슷하다는 것이다.

『빨리 가려면 혼자서 가고, 멀리 가려면 함께 가라』는 책 제목이 있다. 나는 여기서 하나를 더 보태어 본다.

 '빨리 가려면 혼자서 가고, 멀리 가려면 함께 가고, 오래 가려면 바라보는 곳이 같은 사람과 가라'

바라보는 관점 바꾸기

　유리컵에 물이 반이 있다. 어떤 사람은 그걸 보고 '반이나 있다'고 생각하고, 어떤 사람은 그걸 보고 '반밖에 없다'고 생각한다. 같은 걸 바라보면서 바라보는 관점이 다른 것이다.

　남편이 아침 식사를 마치고 그릇을 싱크대에 놓다가 그만 '쨍그렁' 깨뜨렸다. 남편은 짜증 반 걱정 반 썩인 말투로 '오늘 중요한 계약이 있는데'라고 한다. 옆에 서 있던 내가 "왜 그렇게 생각하지? 난 액땜했다고 생각하는데" 하니 남편이 깜짝 놀라면서 "그래?" 하며 의아해한다.
　아이들 둘과 바쁘게 아침을 준비하다 보면 별의별 일들을 경험한다. 유치원에서 현장학습 간다기에 급하게 아이들 체육복을 꺼내 보면 뭐가 많이 묻어 있어서 그냥 입혀 보내기엔 민망할 때도 있고, 딸애 머리를 묶다가 고무줄이 틀어져 노랑 김밥 고무

줄로 묶어 보내 미안한 때도 있고, 바쁜 날 급하게 준비해서 주차장에 도착해보면 막상 차키가 없을 때도 있고 별별 일들이 아침에 일어난다. 그럴 때면 짜증도 짜증이지만, 손님과의 계약이 캔슬로 이어질까 못내 불안해진다. 그러다 '이렇게 아침에 일어나는 안 좋은 일들은 그날 하루의 불길한 기운을 없애는 액땜이다'라고 생각을 바꾸어 보기로 마음먹었다. 직업상 늘 고객을 대하는 나에겐 획기적인 발상이었다.

 어쩌다 아침에 옷을 입다가 단추가 '툭' 하고 떨어지면

 '앗싸! 오늘 액땜 다 했네. 고고'

 또다시 나오다가 발을 헛디뎌 가방 속 물건이 밖으로 다 쏟아지면

 '앗싸! 완전하게 액땜 다 했네. 쿵따리사바라'라고 생각했다.

 그 뒤부터 나의 하루는 아침의 어떤 일 때문에 흔들리지는 않았다.

 요즘 도시에는 까치와 까마귀로 골머리를 앓고 있다. 사람들과 함께하는 텃새로 참새, 비둘기. 직박구리 등도 있지만 이 친구들은 조용하다. 유독 까치와 까마귀가 시끄럽다.

 어릴 적 우리 동네에는 큰 나무가 없었기에 까치나 까마귀가 앉아서 쉴만 한 곳이 없었다. 그러다 보니 아침에 이 친구들 때문에 감정의 기복을 느끼지는 못했다.

도시로 나오고부터인 것 같다. 아침에 일어나 까치 소리를 들으면 왠지 계약을 많이 할 것 같아 기분이 들뜨게 되는데 '까아악' 하는 까마귀 소리를 들으면 성사되었던 계약도 깨질 것 같은 불길함이 들었다. 언제부터인가 까치 소리보다 까마귀 소리가 더 많이 들리니 참으로 신경이 쓰여서 곤혹스러웠다.

까마귀는 우리나라에서만 흉조지 일본이나 중국에서는 길조다. 이웃 나라만이 아니다. 고구려 때의 삼족오가 다리 셋인 까마귀다. 그리고 다른 새와 달리 까마귀는 새끼가 자라서 어미에게 먹이를 물어다 주어 은혜에 보답하는 새로 사자성어 '반포지효(反哺之孝)'로 유명하다. 나는 마음을 바꿔 먹기로 했다.

'까마귀는 길조다. 까마귀는 길조다. 길…조…다.'

그 뒤로 아침마다 까마귀가 울어도 까치가 울어도 더는 감정에 기복이 없었다. 그냥 시끄러운 놈들이구나 했을 뿐.

그때부터인가 까마귀가 참 멋있다는 생각을 가지게 된 것이. 까마귀의 외양은 카리스마 그 자체다. 새까만 것이 어찌 그리 간지 나는지. 나는 모습은 또 어떤가? 푸드덕 푸드덕 거리며 나는 까치랑은 차원이 다르다. 독수리처럼 너무 크지도 않고 참새처럼 너무 작지도 않다. 딱 적당하다.

만약 신이 나에게 다시 태어나면 무엇으로 태어나고프냐고 묻는다면, 조금도 망설임 없이

"까마귀요, 저는 까마귀로 다시 태어나고 싶습니다. 산 정상에

서 사는 까마귀요…"

 인지라는 놈은 대단하다. 한 끗 차이인데 삶을 바꿔놓는다. 심리상담에서는 인지를 제일 중요하게 여긴다. 모든 상담이론의 기본을 차지한다. 프로이드는 지금의 심리적인 문제를 일으키는 원인이 어릴 적 부모님이나 보육자와의 관계에서 발생한 트라우마에서 기인한다고 생각하였지만, 아들러는 트라우마를 인정하지 않았다. 과거의 안 좋았던 기억이 아니라 지금 본인이 가지고 있는 인지구조가 심리문제의 원인이라고 생각했다. 지금 힘든 것은 과거의 어떠한 사건이 아니라 그 사건을 바라보는 지금의 인지구조인 것이다.

 예를 들어 우울증을 앓고 있는 누군가가 있다면 그것은 과거의 트라우마 때문에 지금 우울증을 앓고 있는 것이 아니라 주위 사람들과 잘 어울리지 못하는 혹은 본인이 본인을 합리화하기 위해 우울증을 선택하여 방안에 혼자 있는 것이라는 것이다.

 만약 모든 것을 과거의 사건에서 기인한다고 생각한다면 아무것도 변하게 할 수 없다. 세상의 중심은 나고, 내가 바뀔 때 세상은 바뀌게 된다. 그리고 나를 바꾸는 것은 생각 즉 인지다. 바라보는 관점을 긍정적인 생각으로 바꾼다면 내 삶은 더욱 행복한 삶으로 바뀌게 된다. 이러한 변화를 나는 실감했다.

아침에 깜찍한 액땜과 멋있는 까마귀를 보면서.

지금 이 책을 읽는 이들 중에서도 그냥 대충 읽고 지나가는 이도 있을 것이고 '바보에게도 배울 점이 있다는데 찬찬히 읽어봐야지' 하며 긍정적으로 읽어 내려가는 이도 있을 것이다.
그렇다. 모든 선택은 본인이 하는 것이다.

비가 올 것을 안다면 미리 우산을 준비하자

　상담센터에 ADHD가 매우 심한 아이가 미술심리 수업을 받으러 다닌 적이 있었다. 잠시도 가만히 있질 못하고 이것저것 만지면서 눈은 다음은 무엇을 만질까 하며 이리저리 관심 있는 데로 옮겨 다니기 바쁜 아이였다. 첫날은 초등학교 1학년인데 말이 많이 어둔하여 '처음이라 낯가림을 하는구나'라고 생각했다. 한주 수업을 더 하고는 정상과 지적장애의 경계인 IQ 70~85 사이의 '경계선 지능을 가진 아이인가 보다'라고 생각했다. 그리고 또 몇 주 수업을 더 해보고는 'ADHD가 심하구나'로 생각이 바뀌었다.

　ADHD는 집중이 안 될 뿐만 아니라 산만하여 잠시도 제자리에 가만히 앉아 있지를 못한다. 심할 땐 본인의 얼굴을 손으로 때리는 자학행동과 무의식적으로 이상한 행동을 하는 '틱 증상'이 동반되기도 하는데 그 아이는 이 모든 행동을 보였다. 전

업주부인 엄마는 아이의 그런 모습이 본인 탓이라 생각해서 힘들어했다.

지금까지의 많은 경험으로 볼 때 있는 그대로를 솔직히 얘기하면 감정이 사고보다 우선하기에 기분 나쁘게 받아들일 것 같아 선뜻 얘기하기가 힘들었다. 몇 번을 미술수업만 하고 그냥 보냈다. 그러다 어느 날 '내가 그 아이의 심한 ADHD 증상을 말하지 못하고 있는 것은 혹 상담 수업을 그만둘까 두려워서 그러는 것은 아닌가?' 하는 생각이 들었다. 그래서 용기를 내어 그 아이 엄마에게 얘길 했다.

"어머니, 아이가 제가 볼 때 ADHD가 심한 것 같아요. 병원 가서 진단을 한번 받아보시는 게 좋을 것 같습니다." 하니 엄마는 화들짝 놀라면서도 내 눈을 피했다.

ADHD는 호르몬의 이상으로 전두엽에 문제가 발생하는 것으로 이 자체만으로는 큰 문제가 되지 않는다. 하지만 주위의 계속적인 지적과 비난으로 자존감 저하, 우울, 불안, 부정적 정서감의 증가 등을 가져오게 되고, 이는 청소년 시기에 행동장애나 품행장애 혹은 우울장애로 발전할 수 있다. 약을 먹으면 ADHD가 사라지지는 않지만, 많이 차분하게 되어 이러한 행동으로 이어지는 것을 막을 수 있기에 청소년 이전에 치료를 시작하면 좋다.

에너지 방향에는 에너지가 밖으로 향하는 외향과 안으로 향하는 내향이 있다. 밖으로 향하는 극단은 살인이고 안으로 향하는 극단은 자살이다. 이 두 경우는 극히 드문 경우이고, 잘 못 성장하게 되면 에너지가 밖으로 향하는 아이는 학교폭력 가해자가 되고 에너지가 안으로 향하는 아이는 학교폭력 피해자가 된다. ADHD는 마음속의 꿈틀거리는 에너지가 밖으로 향하는 경우이다. 사전에 이를 알고 예방하여야 하는데 그건 부모와 교사의 몫이다.

엄마한테 솔직하게 내 생각을 말했다. 그런데 돌아오는 답변은 며칠 뒤 방학이라 8월에 행사가 많아서 쉰다는 것이었다. 혹시나 하는 생각을 가졌었기에 그리 놀라지는 않았다. 난 나의 과제에 충실했으면 잘 한 것이다. 엄마의 선택을 존중해줘야지. 어쩔 수 없다.

그렇게 잊고 있었는데 9월 말에 그 친구가 10월 첫 주부터 온다는 전화를 받았다. 두 달 정도 만에 아이가 기가 축 처져 왔다. 평소에 까불까불하면서 들어오는데 말없이 차분하게 들어오길래 반가운 마음에 느낀 내 생각을 솔직히 말해버렸다.

"어머, 어머니! 오늘 이 친구 몸이 안 좋아요? 왜 소금에 절인 배추 같아요? 기가 축 처졌네요. 전엔 기가 위로 톡 올라갔었는데." 얼마 지나 '아뿔사! 실수했구나'를 깨달았다.

그날 이후 다시 그 아이는 ADHD증상을 그대로 보였다. 그리고 몇 달 뒤 내가 상담센터를 그만두면서 그 뒤론 만나지 못했다.

가만 생각해보니 센터를 오지 않는 동안 병원 치료를 받았고 약을 먹었지 않았을까? 그리고 좋아졌다고 생각하고 기분 좋게 왔는데 기가 죽은 것 같다는 나의 말에 엄마는 놀랐고, ADHD 약 복용 후유증이라 생각되어 다시 약을 끊게 되지 않았을까? 엄마들 사이에서는 약 복용 후유증으로 알려져 있기도 한 얘기기에.

나는 여러 생각을 번갈아 했다.

'병원을 갔으면 갔다고, 약을 먹으면 먹는다고 말을 해줘야 알지. 말을 않는데 내가 우찌 알겠나'

'아니, 애가 늘 상 콧물을 줄줄 흘리다가 갑자기 콧물 한 방울 안 흘리면 코에 뭐 넣어서 틀어막은 줄 알지 뭔 생각 들겠어. 당근 그 생각밖에 뭐가 더 들까?' 하고 나를 합리화하며 위로 삼았다.

프로이드는 갈등을 겪거나 스트레스를 받을 때 스스로를 보호하기 위해 무의식적으로 '방어기제'를 사용한다고 했다. 우리는 감정을 억압하거나, 현실에서 퇴행하거나, 정반대로 행동하거나, 잘못된 행동을 합리화하거나, 부정하거나, 열등감을 다른 걸로 대신하는 등의 행동을 자주 한다. '방어기제'라 하여 미성

숙하거나 병약한 사람만이 사용하는 것이 아니라, 일상에서 모두가 흔히 사용한다.

　같은 상황을 겪더라도 성격에 따라 다른 방어기제를 선택한다. 에너지 방향이 밖으로 향하는 사람은 남의 탓으로, 에너지 방향이 안으로 향하는 사람은 자기 탓으로 방어기제가 나타나는 것 같다.

　에너지가 밖으로 향하는 나는 남의 탓으로 스트레스 상황을 모면하면서 합리화했고, 에너지가 안으로 향하는 그 아이의 엄마는 자기 탓인 내면화와 개인화로 스트레스 상황을 모면했다.

　씁쓸하다. 심리는 성격을 이해하면 많은 도움이 된다. 심리와 성격은 맞닿아있다.

　나는 몸이 안 좋으면 항상 제일 먼저 코가 막힌다. 비염이 심하다 보니 다른 곳보다 코가 더욱 민감하다. 그렇기에 코감기 약을 상비약으로 늘 준비해 둬야 한다. 그렇지 않으면 코막힘에서 금방 심한 몸살로 이어지기 때문이다. 어떤 이는 목감기가 제일 먼저 오고 또 누구는 몸살이 가장 먼저 온다. 같은 감기지만 제일 먼저 취약한 곳을 공격한다. 그것이 우리 몸을 정복하는 빠른 방법임을 아는 것이다.

　우리 마음도 성격에 따라 약한 고리가 있다. 어찌 알고 그 약한 고리를 묘하게 잘 찾는다. 내가 상비약으로 코감기약을 늘 준비해두는 것처럼, 마음의 병도 상비약을 구비 해 둬야 한다. 그렇지 않으면 깊은 마음의 병으로 금방 옮아가기 때문이다.

그것이 바로 '나와 타인의 성격을 이해하는 것'이다. 나와 타인의 성격을 이해하면 어떤 상황에서 '왜 그렇게 행동하였는지'를 이해하게 된다. 그리고 서로가 다름을 알게 되고 갈등의 폭을 줄일 수 있게 된다.

비가 올 것을 알고 우산을 미리 준비한다면, 오는 비를 막지는 못하지만, 옷이 비에 젖는 것은 막을 수 있다.

알고 당하는 것과 모르고 당하는 것은 하늘과 땅 차이다.

나의 성격에서 약한 고리는 어디인가?

나는 어떤 방어기제를 자주 사용하는가?

나는 어떨 때 화가 나는가?

나는 어떤 얘길 들으면 기쁜가?

나는 어떤 두려움을 가지고 있는가?

우산을 준비해보자. 완벽한 성격은 없으니.

좋게 보이려면 여러 개의 장점을 더 강조할 것이 아니라
큰 단점 하나를 낮추면 이미지가 훨씬 좋아지게 된다.
여럿을 강조하기는 힘들지만 한 개의 단점을
낮추는 것은 좀 더 수월하다.

Z

문고리와 성격

"문을 열려면 제일 먼저 어떻게 해야 할까요?"라고 질문을 한다면

'이게 뭐지? 넌센스 인가?' 하며 의아해할 것이다.

너무 어렵게 생각하지 말고 쉽게 생각해보자.

답은 '문고리를 잡아야 한다.' 이다.

우리 집은 남향집이라 뒤 베란다는 해가 들지 않는 북향이다. 해가 들지 않기에 곰팡이가 끼지 않게 하기 위해서는 문을 조금 열어두어야만 한다. 그러다 보니, 자주 비가 들게 된다. 그렇게 조금씩 조금씩 문틀이 습기를 머금어 빡빡하게 되었다. 무식이 장땡이라고 발로 좀 찼더니 너무 심하게 찼는지 어쩌다 손잡이가 고장이 났다. 언뜻 생각하면 '그게 뭐 큰일인가?' 하겠지만

여간 성가신 게 아니다. 문을 살짝 열어두면 몹쓸 바람은 늘 문을 건들어 닫아 버린다. 빨래를 하려고, 혹은 잡동사니 물건들이 필요해서 뒤 베란다에 들어가려면 한참을 시름 해야 한다. 이 작은 손잡이 하나가 뭐기에 참, 나….

 손잡이가 고장 나서 문 열기 힘들었던 경험은 누구나 한 번쯤은 있지 않을까?

 어릴 적 살았던 시골집 문은 나무로 된 문살에 문종이를 바른 여닫이문이었다. 시골집 방은 문을 열고 들어가면 여름에는 시원하고 겨울에는 따뜻했다. 특히 추운 겨울 날 마당에서 머리를 감고 방에 들어가면 천국이 따로 없었다. 손에 묻은 물기 때문에 손이 문고리에 달라붙어 더욱 추웠는데 군불을 넣어 절절 끓는 방이었으니 얼마나 따뜻했을까?

 어느 날 문고리가 헐렁거리더니 그만 빠져버렸다. 날은 추운데 머릴 감고 젖은 손가락을 문틀과 문 사이에 집어 넣어 여는데, 어찌나 힘이 들던지. 그 작은 문고리가 그렇게 귀한 존재라는 걸 처음 알게 되었다.

 밖에서 안으로 들어가려면 제일 먼저 문고리를 잡아야 한다.
 어떤 곳을 들어가고자 마음 먹게 되면 제일 먼저 문고리를 찾아야 하고, 그리고 문고리를 잡아야 문을 열고 들어갈 수 있다.

문고리는 안과 밖을 연결하는 보물이다.

  가만히 생각해보니 문고리가 참 성격과 닮았다는 생각이 든다. 마음은 문이고 성격은 문고리와 같다. 어떤 사람의 마음을 열기 위해서는 제일 먼저 살피는 것이 그 사람의 성격이다. 성격은 그 사람의 내면을 살필 수 있는 도구이기에, 그 사람 마음 안으로 들어가기 위해서 제일 먼저 잡는 문고리가 성격인 것이다.

  문고리가 없는 문을 힘들게 열어본 경험이 있기에 그 작은 문고리가 얼마나 소중한지 알 수 있다. 상대의 성격을 몰라도 상대의 마음에 들어갈 수는 있겠지만 그만큼 힘들게 들어가게 된다.

  성격은 내가 상대방의 마음의 문을 열고 들어가기 위해 제일 먼저 살피고 찾아서 잡아야 하는 문고리다.

명확하게 바라는 것을 얘기하라

한때 '시크릿'이라는 단어가 유행했다. 자기계발서로 전 세계 베스트 셀러 『시크릿』의 유명세와 현빈과 하지원이 주인공으로 나온 드라마 『시크릿 가든』으로 어딜 가도 화제였다.

힐러리가 미국 역사상 처음으로 여성 대통령에 도전할 때였다. 친구가 보험회사에 다니면서 『시크릿』과 『여자라면 힐러리처럼』 두 권의 책을 선물했다. 두 권 모두 '간절하게 원하면 이루어진다'는 것으로 큰 틀에서는 같은 맥락이었다.

시골에서 우리 집은 법 없이도 사시는 엄마, 아부지(가끔 술 드셨을 때를 제외 한), 큰오빠네 부부와 두 조카, 우리 둘이 함께 살았다. 시골 살림은 늘 빠듯했다. 이러하다 보니 고학년으로 올라갈수록 엄마는 우리 둘을 부담스러워하셨다.

어느 날 엄마는 슬쩍 지나가는 말씀으로 우리 눈을 쳐다보지 않고는

"조카들도 크는데, 니 오라비가 너거 둘을 우째 대학에 보내겠노?"라며 말꼬리를 흘리셨다.

그런 엄마의 걱정과 큰오빠네 형편을 잘 알기에

"아이고 참나. 별걱정을 다한다. 걱정하지 마라. 우리 일은 우리가 알아서 한다. 그런 쓰잘데기없는 걱정하면 명 쫍니다요"라고 큰소리를 뻥뻥 쳤다.

학력고사 때가 왔다. 차마 시험을 보겠다고 비용을 달라 할 수 없어 시험을 보지 못했다. 그때 절친인 친구가 구미에 사시는 외삼촌이 대기업 총무과 과장으로 계시는데 현장직에 추천서를 적어줄 수 있으니 함께 가자고 했다.

그땐 몰랐지만, 지금 생각해보면 그 일이 내 인생에 있어서 큰 터닝 포인트였다. 담임 선생님께 말씀드리니 결석처리 된다고 하시며, 아무리 시골 학교라지만 인문계 고등학교에서 졸업 전에 취업은 안 된다고 하셨다. 우리는 지금 취업해서 12월, 1월, 2월 3달 동안 돈을 벌고나면 방송통신대학 입학금이랑 대구에서 우리 둘 지낼 자취방을 구하는데 충분할 것이라고 판단했기에 막무가내로 말씀드리고 구미로 출발했다.

향하면서 다짐을 하였다.

'지금은 공장에 가지만 70전에는 박사는 못해도 석사는 꼭 할 것이다.'

지금이야 대학원이 보편화되어 그리 높은 학력이 아니지만, 그때만 해도 우리 동네에서 4년제 대학을 간 사람이 아무도 없었으니 대학원 졸업은 굉장히 높은 학력이었다.

그렇게 3개월만 다녀야지 하던 생각이 막상 가보고 나서 바뀌게 됐다. 그곳은 파라다이스였다. 아파트형 기숙사는 우리들의 삶의 스타일을 바꿔놓았다.

재래식 화장실에서 볼일을 책으로 마무리하던 것을 뽀송뽀송 휴지가 있는 수세식 화장실로, 마당에서 소죽 끓일 때 대야에 물을 얹어 뜨거운 물을 얻었기에 식구가 많아 마지막 머리를 헹굴 땐 늘 차가운 물로 헹궈야 했던 것을 언제든 뜨거운 물이 콸콸 나오는 욕실로, 아부지 담배 연기에 찌들어 살던 작은 옆칸방은 우풍 하나 없는 거실과 우리 둘이 함께 쓰는 깔끔하고 넓직한 방으로 바뀌었다.

이보다 더욱 마음이 설레는 것은 식단이었다. 늘 밭에서 나오는 재료로 차려진 식단을 접하다가 처음으로 참치, 베이컨, 미니 햄, 치즈와 같은 재료로 차려진 식단은 힘든 직장 일임에도 불구하고 직장가는 걸 더욱 기다리게 하는 원천이었다.

가장 놀라운 것은 급여였다. 지금도 귀족노조라고 칭하는 대기업 현장직의 급여는 우리 오빠네 부부와 엄마 아부지 그리고 가끔 농번기 때 작은 오빠와 우리 둘 7명이 노동하여 버는 1년의 수입을 어린 여자아이 둘이 몇 달이면 벌 수 있는 수입이었다. 시골에서 용돈이라곤 한 번도 접해보지 못한 우리에겐 너무나 신난 일이었다. 월급날이면 다음날 편하게 찾아도 될 것을 굳이 당일 긴 줄을 서서 기다리며 월급을 찾아 엄마에게 보내는 그 맛은 지금도 설레는 한 장면이다.

 석 달만 다녀야지 하던 각오는 어디 가고

 '여기서 노조 위원장을 한 번 해봐야겠다' 라는 마음으로 고쳐먹기에 넘치고도 남는 환경이었다.

 이러한 생각은 오래가지 못했다. 이런 파라다이스도 자극 추구형 성격인 나에게 단순 반복되는 것을 버틸 수 있게 할 순 없었다. 일 년이 지나서야 그때의 각오가 떠올랐다.

 '아! 맞다. 대학을 가야지, 그렇지 석사를 한다 했었지.'

 '이왕이면 전문기술을 익혀서 전문직을 가져야겠다.'

 그리고는 일 년을 파라다이스에서 일과 대입 공부를 병행한 뒤 화려하였던 귀족 현장직을 끝냈다.

 여기서 이 년의 생활은 내 인생을 바꾸어 놓았다. 부잣집 자녀들이 간다는 사진영상학과를 들어갔다. 고가의 카메라와 작업실을 갖추는데 목돈이 들어갔고, 필름과 인화에 잦은 비용이 들어갔지만 그리 염려되진 않았다.

그리고 졸업 후 웨딩숍을 차려 '전문직 여성'이 되었다.

웨딩숍을 하면서 자주 이런 말을 들었다.

"부모님이 부자여서 참 좋겠어요." 그럴 때면 웃으며 말한다.

"친정집이 좀 살죠!"

이렇게 잘 나가는 전문직 여성으로 직장생활을 하던 중 큰아이가 중학교 들어갈 때 20살의 각오가 다시 떠올랐다.

'70전에 석사를 한다 했지. 그럼 지금 하는 게 좋겠다. 애들이랑 같이 공부하면 좋겠네'

그렇게 스무살의 내 각오는 마흔살에 이루어졌다.

석사과정 때 같은 업에 종사하는 지인들이 자주 전화를 걸어왔다.

"수업 중이라 나중에 연락드리겠습니다." 하며 문자를 보내면 어김없이 다시 문자가 온다.

"무슨 수업요?"

잘 나가는 직업을 가지고 있는데 왜 공부를 하는지 궁금증이 들었을 것이다.

"대학원 수업입니다요. 박사 한번 해 볼려구요."라며 농담 삼아 얘기를 했다. 석사 땐 박사를 하겠다는 생각은 없었는데 농담 삼아 뱉은 말이 박사로 이루어졌다. 이렇게 20살의 다짐은 격상되어 박사로 이루어졌다.

대학원 시절 학기가 바뀔 때마다 자기소개하는 시간을 가진다. 왜 이 과에 들어오게 되었는지? 무엇을 하고자 하는지? 등등의 질문에 답을 하여야 한다.
그럴 때면
"요즘 많이들 하는 얘기가 우리 자녀들 시대에는 직업을 다섯 번은 바꾸게 될 것이라고들 합니다. 그리고 120살까지 살게 될 것이라 합니다. 그래서 저는 새로운 일에 도전해 보고자 합니다. 전 강연을 하는 특강 강사가 되고 싶습니다."
이렇게 소개 때마다 특강 강사가 되겠다고 하였으며 지금 그 말대로 특강 강사가 되었다.
지금은 이런 얘기를 한다.
"시간당 천만원 받는 스타급 강사가 꿈입니다."
"베스트 셀러 작가가 되어 아침마당에 출연해 보려구요."

'시크릿'을 비난하는 소리도 높다. '덜떨어진 사람들을 위한 사이비 계발서'라고, 또는 '절박한 사람들을 현혹하여 돈 벌려는 작당질'이라고 비난하기도 한다. 그러나 이를 맹신하는 사람들은
"왜 안 되지?"라고 의문을 갖는 사람들에게

"당신은 시크릿의 끌어당김 법칙을 진정으로 이해하지 못했기 때문입니다."

"당신은 부정적이기 때문에 시크릿이 통할 수가 없습니다."라며 합리화한다.

그렇다. 단지 바란다고만 하여 이루어진다는 허무맹랑한 논리로 대중의 마음을 사로잡을 수는 없다.

신기하게도 나는 지금까지 말한 대로 이루어졌다. 뭔가를 생각하며 열심히 살다 보면 어느 순간에 그 바라보는 지점에 도착해 있거나 나도 모르는 사이에 지나와 있다는 것을 발견한다. 구체적으로 무엇인가를 바라는 것이 내 무의식에서 더욱 노력하는 에너지에 시너지가 되지 않았나 싶다.

모두가 어떤 바라는 것을 가지고 있다. 그 바라는 것은 모두가 다르다. 다른 사람들이 보기에 어떤 이의 희망은 거창하고 또 어떤 이의 희망은 소박해 보인다. 희망이 거창하다고 해서 의미가 거대하고, 소박하다고 해서 가치가 적은 것은 아니다. 어떤 희망이 됐든 그 크기에 상관없이 모두 소중한 것이다.

가끔은 꿈이 너무 작아서 남들한테 말하기 민망하다며 입 다물고 있는 이가 있다. 그러면 그 꿈은 영원히 이루어지지 않는다. 왜냐하면?

'명확하게 바라는 것을 얘기하면 그리고 노력하면 신은 외면

하지 않는다. 그러나 정확하지도 않고 입 밖으로 얘기하지도 않으면 신은 알아듣지 못해 답을 않는다.'

당당히 그리고 정확하게 얘기하라.

'나는 무엇을 할 것이다' 라고.

이유가 뭘까?

 신은 우리 몸을 만들면서 쓰임새 없는 것을 만들지 않았다. 눈은 사물을 볼 수 있는 역할을, 귀는 소리를 들을 수 있게끔, 다리는 걸을 수 있도록, 장기들 또한 모두 나름의 역할을 주어 만들었다.
 그런데 지금까지도 그 역할을 알 수 없는 하나가 있다. 맹장이다. 이러하다보니 한때 맹장을 떼어내는 것이 유행인 적도 있었다. 아무런 역할은 없으면서 한번 잘 못 되면 목숨을 위험하게 만드니 수술할 일이 생기면 이왕 배를 가른 김에 겸사겸사 맹장을 떼는 것이었다.
 갈릴레이가 지동설을 주장하기 전엔 모두가 태양이 지구를 돈다고 생각했다. 그렇다면 지금은 맹장이 쓸모없는 것으로 인식되지만 좀 더 시간이 지나면 어찌 될지 모를 일이다.

왜냐면 신은 모든 것에 저마다 자기의 쓰임새를 주었거든. 단지 아직 인간이 모를 뿐이지.

언니네 가족들은 명절을 지내러 부산에 갔다. 시부모님 두 분과 언니네 부부 모두 직장을 다녔기에 명절은 늘 부산했다. 그때는 대체공휴일이 없던 시기인 데다 하이패스도 없던 때라 늘 명절 때마다 고속도로는 이름과는 달리 정체도로였다. 그렇게 힘들게 큰집에 도착하는 것을 큰집 가족 모두가 알기에

"아이고! 먼 길 오느라 수고 많았제? 어서 들어와들. 그래, 뭔 일은 없었구?" 하며 집으로 들어서기도 전에 큰 아버님은 큰 형님에게

"아가, 여 상 좀 내 와래이" 하시면 큰 형님은 반갑게 상을 차려서는

"작은아버님, 작은어머님, 먼 길 오시느라 수고 많으셨죠? 시장 하실텐데 저녁 준비할 동안 먼저 좀 드시고 계세요. 동서도 많이 먹어" 하며 다정하게 상을 내밀었다.

그날도 당연히 그렇게 맞아주리라 기대하며 들어갔는데 집 분위기가 싸한 게 이상했다. 그리고 큰아버님이 '찌짐상 차려라'는 말이 떨어지기도 전에 형님이 분란을 일으켰다.

"아니! 어른이 왜 어른이고. 어른다워야 어른이지. 탱자탱자

차타고 온 사람들이 알아서 뭘 먹고 와야지. 종일 일한 사람한테 상차리라 카노…. 아이구! 내 팔자야…"

그리 참하던 사람이 180도 변해 있었다. 그런 형님의 태도에 아주버님은 입 다물라며 고성을 질러댔고, 그렇게 집은 쑥대밭이 되었다. 놀라서 멀뚱한 우리들에게 아주버님은 아내가 갱년기라서 그러니 이해하라며 죄송해 했다. 그러고부터 언니네는 부산 큰집에 가지 않고 따로 대구에서 명절을 보냈다.

읽는 순간 여러 사람이 떠오를 것이다. 나부터도 떠오르는 이가 한둘이 아니다. 50이 넘어 친구들을 만나 수다 떨면 모두가 본인들의 승전보를 자랑한다. 우리 때만 해도 가부장적인 분위기에서 살았기에 시어머니에 대한 며느리의 순종이 덕목이던 시대였다. 지금도 그렇지만, 신랑 쪽 집안이 좀 더 조건이 좋다고 판단될 땐 어김없이 시어머니의 목소리가 강했다. 그러던 친구들이 하나, 둘씩 독립전쟁을 벌였고 시대가 시대인지라 모두 승리한 것이다.

우리 몸엔 남성과 여성 모두에게 본인 성의 성호르몬만 나오는 것이 아니다. 난소와 정소에서 여성호르몬과 남성호르몬을 분비하고, 남성과 여성 모두 부신에서 여성은 소량의 남성호르몬을, 남성은 소량의 여성호르몬을 분비한다.

심리학에서 융은 '아니마'와 '아니무스'로 양성이 한 몸에 존재함을 얘기했다. 인간의 무의식 안에는 각자의 성적 측면만 있는 것이 아니라 남성에게는 무의식 깊이 여성적 측면을 가지고 있는데 이를 '아니마'라 하고, 여성에게는 남성적 측면을 가지고 있는데 이를 '아니무스'라 하였다. 여성스러운 남성은 아니마가 다른 남성에 비해서 좀 더 많아서이고, 남성스러운 여성은 아니무스가 좀 더 많아서라고 한다.

갱년기는 이 호르몬이 변하면서 나타나는 현상이다. 요즘 '당신은 몇 살부터 노인이라고 생각하시나요?'라는 설문조사를 자주 받는다. 국민연금이 위태롭다는 이유와 생명과학과 경제의 발달로 노인들의 기대수명이 늘어나는 것이 맞물려 '노인'의 정의를 다시 하고자 하는 이유에서다.

아무리 생명과학이 발달했어도 우리 몸의 흐름은 막지를 못한다. '성 역할'에서는 노인을 50 이상의 사람들을 일컫는다. 여성들이 폐경을 맞으면서 호르몬의 변화가 오는 시점이기에 폐경을 맞이하는 50대로 노인의 기준을 정한 것이다. 50이 넘으면 여성은 폐경을 맞으면서 여성호르몬은 중단되지만 부신에서 남성호르몬은 계속 분비된다. 그러니 보드랍던 여성이 강한 남성으로 점점 바뀌어 가고, 강하던 남성은 점점 드라마를 보면서 눈물 흘리는 감성적인 남성으로 바뀌어 가는 것이다.

이렇게 점점 서로의 성이 가까워 지면서 80쯤 되면 같은 성 역할을 하게 된다. 같은 커플 스웨터를 입은 노부부가 저만치 가면 할아버지인지 할머니인지 구분할 수가 어렵다.

북한이 남한에 도발하지 않는 이유가 김일성 때는 새마을 운동으로 모두가 밖으로 나와 모여 일을 해서고, 김정일 때는 민방위 훈련으로 중년의 아저씨들이 모자를 삐딱하게 쓰고 상의 단추를 풀어 젖혀 길거리를 활보해서고, 김정은 때는 중2들이 건들건들 길거리에 침을 찍찍 뱉으며 눈동자의 흰자를 들어내서라는 유머가 있다. 중2가 얼마나 무서웠으면 이런 유머가 나올까?

중2는 사춘기가 정점에 있는 나이다. 사춘기라는 게 호르몬의 변화로 오는 것이다.

사춘기는 아이의 몸에서 성인의 몸으로 바뀌는 시기다.

신이 사춘기 아이들에게 말하기를

"아이들아, 이제 너희는 더이상 어린이가 아니니라. 이제부터는 수컷과 암컷으로서 최선을 다해 종의 번식에 임하도록 하라"

신은 우리에게 이토록 인자하게 신호를 알려 준다.

그럼 '갱년기는 왜 만들었을까?' 도 생각해봤다.

인자한 신은 인간이 안정적으로 잘 지내길 바랬기에 지금까지 열심히 종의 번식에 임한 남녀를 이젠 쉬라는 신호를 보내는 것이 아닐까? 아니면 인간은 언제 쉬어야 할지 몰라 헤매게 될까 봐.

신이 갱년기를 맞은 인간에게 말하기를

"너희는 수컷과 암컷으로서 역할을 열심히 하였다. 그만하였으면 되었으니 이젠 수컷과 암컷이 아니라 친구로 평생 존중하며 너희의 삶을 살 것이야……."

이런 신의 뜻으로 나이가 들수록 남자 여자가 아니라 친구처럼 닮아 가나 보다. 커플 스웨터를 입은 닮은 다정한 친구처럼.

신은 참으로 인자하다.

나를 돋보이게 하는 방법

한 예쁜 신부가 드레스를 고르려고 디자인을 살펴보면서 살며시 얘기한다.

"목에 흉터가 있어서 그러는데, 가릴 수 있는 드레스는 어떤 게 있나요?"

차이나 칼라 디자인 드레스를 권해주면서, "혹, 탑 드레스를 원하신다면 목 장식을 하면 돼요"라고 알려주고 피팅을 하러 드레스 룸으로 들어갔다. 당연히 목에 흉터가 좀 크리라 생각하고 보았는데 크게 관심 없이 보면 아무도 모를 크기다.

"에구! 아무도 모르겠어요. 누가 일부러 찾으려 해도 모르겠어요." 진심이었다.

그래도 본인은 부담스럽다고 하길래 길고 장황하게 전문가의 프라이드로 설명을 했다.

"신부가 어떤 모습일까? 하고 대기실로 들어오면 제일 먼저 눈에 들어오는 것은 전체적인 신부의 첫 느낌인데, 그 첫 느낌에는 드레스, 헤어 스타일, 메이크업, 머리 장식, 부케, 귀걸이, 베일, 구두, 장갑 등등 모두 한꺼번에 무의식적으로 조합되어 의식으로 전환되면서 '첫 이미지'로 만들어져요. 그리고 난 뒤 차근차근 하나씩 눈에 들어오는데 제일 먼저 메이컵이고 다음은 헤어스타일, 그다음은 드레스 디자인과 부케 등으로 넘어가요. 이런 걸 보기도 바쁜데 목에 콩알만 한 흉터를 볼 사람은 없어요"라고.

그렇게 장황하게 설명하고는 "나만 믿어요. 누가 목에 흉터를 봤다는 사람 있다면 예식비용 전액을 안 받을께요"라고 뻥뻥 큰 소릴 치니 나의 위풍에 기가 꺾여 탑 드레스를 선택하였고, 예식 날 예쁘다며 대박 났다고 고맙다 하였다.

한번은 딸이 앞머리를 내리고 다니기에 "너는 이마가 넓어서 예쁜데 왜 가리지?" 하고 물어보니 이마가 M자라서 내린다고 한다.

딸에게

"도은아! 너는 넓은 이마가 얼마나 예쁜데 그걸 가리냐? 비록 M자 이마지만 네가 남들에게 말하지만 않으면 넓고 반듯한 이마가 더 예뻐서 모두가 너의 이마가 예쁘다 할걸. 아무도 네 이마가 M자란 걸 몰라. 절대 M자 이마라고 말하면 안 된다. 그 순간부터 그 M자 이마만 볼 테니까. '코끼리를 생각하지 마' 했더니 자꾸만 코끼리가 생각나는 것 알지. 그 원리니까. 그러니 M자 이마에 너무 신경쓰지 말고 그냥 이마 올리고 다녀 봐"

다른 얘길 또 하면, 웨딩숍은 분위기가 반을 차지한다고 여겼기에 큰맘 먹고 조명 집에 가서 3단으로 된 크고 화려한 샹들리에를 웨딩숍 상담 테이블 위에 달았다. 비싼 만큼 무게도 엄청났기에 샹들리에가 무거워 웨딩숍 천장이 조금 내려앉았다. 천장 뼈대에 박혀있는 스프링클러는 눈치도 없이 따라 내려오지 않고 그 자리에 달려있어서 천장에 스프링클러 구멍이 크지는 않지만, 뻥 뻥 눈에 거슬리게 남았다. 웨딩숍에 들르는 사람마다 그 화려한 샹들리에는 안중에도 없고 "저 구멍이 뭐냐?"고 묻는다. 그럴 때마다 샹들리에 자랑을 하면

"그러고 보니 샹들리에도 예쁘네. 돈 좀 줬겠는 걸"이라 한다.

그러다 얼마 못 가서 그 망할놈의 샹들리에는 천장을 포기하고 바닥을 택했다. 거금을 들인 거라 아까워 촛대를 감싼 둥근 구멍 난 작은 접시처럼 생긴 것을 스프링클러 뻥구 난 구멍에다 붙였다. 그리고는 들르는 사람마다 "커튼이 예쁘네", "장이 예쁘네" 하며 사무실 예쁘다는 얘기를 한다.

스프링쿨러 구멍은 여전히 보이는데도 말이다.

절친인 친구가 있다. 내가 '오드리 햅번' 닮았다 해서 별명이 '오드리 햇반'이다. 그 친구는 고양이처럼 살짝 치켜 올라간 묘한 매력의 눈과 앵두처럼 붉고 입꼬리가 살짝 올라간 예쁜 입, 뽀얀 피부와 뾰족한 턱을 지녔다. 영락없는 '오드리 햅번'이다. 단 하나의 흠이 있다면 비가 오면 콧구멍으로 물이 들어갈 것 같은 들창코다. 우리가 함께 어딜 가면 늘 제일 못생겼다는 얘길 듣는다. '오드리 햅번'이.

어느 날 나는 그 친구에게 코 수술 한번 해보라고 권해줬고 친구는 내 뜻에 따랐다. 비록 친구의 들창코는 예쁜 코로 바뀌지는 못했지만, 전처럼 미운 코는 면했다. 그리고부터 그 친구는 우리 중에 제일 예쁘다는 말을 듣는다.

이렇게 여러 가지 예를 든 것은 이 이야길 하고 싶어서다.

누구나 장점과 단점 모두를 가지고 있다. 그중에 제일 큰 것이 무엇이냐에 따라 승패가 좌우된다. 장점이 많으나, 단점 하나가 월등히 크다면 그 많은 장점은 가려서 보이지 않는다.

우리 웨딩숍과 그 친구처럼.

좋게 보이려면 여러 개의 장점을 더 강조할 것이 아니라 큰 단점 하나를 낮추면 이미지가 훨씬 좋아지게 된다. 여럿을 강조하기는 힘들지만 한 개의 단점을 낮추는 것은 좀 더 수월하다.

반대로 크지 않은 단점이 여러 개고, 큰 장점이 하나 있다면,

여러 단점을 보완할 것이 아니라 하나의 장점을 더 부각하여야 한다. 하나의 장점에 포인트를 주어 눈에 뜨이게 만든다면, 여러 단점은 수그러지게 된다. 여러 개를 살피는 것보다 하나를 살피는 것이 훨씬 수월하다.

  그리고 작은 것은 큰 것에 가리지기 마련이다.

  내가 그 신부에게 예식비를 안 받겠다고 할 수 있었던 것은 이러한 원리를 알았기 때문이다.

  헤어장식에 포인트를 주어 화려한 왕관을 쓰면 시선이 화려한 머리로 올라가지 목으로 시선이 가지 않는다는 것을.

  즉, 작은 것은 큰 것에 가려지기 마련이라는 것을.

나비효과

 미국의 기상학자 '에드워드 로렌츠'는 1961년 기상 관측을 하다가 변화무상한 날씨를 예측하기 힘든 이유로 지구 어디에서인가 일어난 조그만 변화로 인해 예측할 수 없는 날씨 현상이 나타나기 때문이라고 하였다.

 이 말에서처럼 작은 사건 하나에서 엄청난 결과가 나온다는 걸 '나비효과'라 한다. 브라질에 나비가 날개를 한 번 퍼덕인 것이 대기에 영향을 주고 또 이 영향이 시간이 지날수록 증폭되어, 긴 시간이 흐른 후 미국을 강타하는 토네이도와 같은 엄청난 결과를 가져온 예로 빗댄 표현이다.

 지난 시간을 돌아볼 때, 나에게 몇 가지 큰 성과가 있었다. 그 원인을 찾아 따라 가보니 의외로 작은 선택이 출발점이었다.

어쩌다 모 웨딩홀에 입점하게 되었다. 웨딩홀 대표가 한국법무보호복지공단에 근무하는 팀장을 소개해 주었고 이러한 인연으로 봉사활동을 하게 되었다.

한국법무보호복지공단 대구지부에서는 민관 협력으로 출소한 사람들을 돕고 있었다. 매년 연말에 후원금 사용에 관한 결산보고를 했는데, 이 행사가 이 기관에서 제일 비중을 차지하는 행사였다. 이때 형편이 어려워 결혼식을 치르지 못한 출소자를 대상으로 무료결혼이벤트를 함께 진행하였는데, 나는 웨딩숍을 운영하고 있었기에 그와의 인연으로 무료결혼이벤트봉사를 맡아 하게 되었다.

매년 9월이면 팀장은 전화를 걸어 이벤트가 언제 열리고 신랑신부는 몇 쌍이며, 언제쯤 드레스를 보러 갈건 지를 알려 왔다.

그 해도 어김없이 9월에 전화가 왔다.

"아이고 원장님! 잘 계시죠, 요번엔 11월 17일로 잡혔심더. 조만간 뵈러 갈게요. 장소는 작년에 했던 장소랑 같심더"

"팀장님! 죄송해요. 이젠 못할 것 같아요. 제가 웨딩홀 대표님이랑 임대보증금 소송 중인데 장소가 거기라면 좀 힘들겠어요. 지금 다른 업체가 입점해 있으니 거기에 한 번 연락해보세요"

통화가 끝난 며칠 뒤 밤늦게 다시 전화가 걸려 왔다. 술이 많이 취해 있었어 발음이 부정확하였기에 힘들어하는 심정을 더욱 잘 느낄 수 있었다.

"아이고 원장님! 죽겠심더. 거기서 드레스가 없다면서 안된다고 합니더. 웨딩숍에 드레스 없다는 게 말이 되는교? 우짜면 좋겠는교?"

얼마나 힘들면 일 년에 일 있을 때 한두 번 아니면 통화하는 사이도 아닌데 이렇게 밤늦게 전화를 했을까 싶은 생각이 들어 마음이 짠하였다.

"팀장님! 구하다 구하다 정 못 구하면 제가 할게요. 팀장님도 내 사정 잘 아시니 다른데 좀 더 찾아보세요"라며 통화가 끝났다. 그리고 며칠 뒤 전화가 왔다. 다른 웨딩숍을 못 찾았다고.

그렇게 새롭게 인연이 되어 몇 년을 더 합동결혼식을 맡아 하게 됐다.

그러던 어느 해 너무 마음이 가는 노년의 부부팀을 만났다. 우리 아부지 같은 지적이고 품위 있는 인상을 한 신랑과 그 인상에 걸맞는 온화하고 지적인 인상의 신부가 다른 젊은 신랑 신부들과 함께 드레스를 고르러 왔다. 외적인 이미지처럼 말씨도 어찌나 고급스러운지 자꾸만 마음이 갔다. 모두 드레스를 잘 고르고 간 뒤 조금 망설이다 팀장에게 전화를 했다.

"팀장님! 이런 거 처음 물어보잖아요. 물어봐도 되는지 모르겠는데요 하도 궁금해서요. 혹시 그 신랑 신부님 범죄명이 뭐예요?

"하며 숨죽이고 기다리는데, 두 분 모두 살인으로 장기 복역 중에 펜팔로 만나셨고, 그러다 보니 늦게 결혼하는 거라 했다. 이때의 나의 궁금증과 의외의 답변이 내가 성격에 관해 연구하게 된 계기가 됐다.

  논문 주제로 성격을 정하고는 그때 기억이 떠올라 대상으로는 재소자로 정했다. 그때 함께 대학원을 다니던 우리 기수 대표님이 대구교도소 소장으로 계셨기에 쉽게 설문조사를 할 수 있겠다는 생각으로 전화를 했다. 하지만 돌아오는 대답은 "NO"였다. 재소자의 인권에 무게가 실리면서 재소자를 일반인들이 만날 수 없을뿐더러, 국가권익을 위한 조사가 아니면 설문은 할 수 없다는 것이다. 포기할 땐 하더라도 좀 더 알아봐야지 싶어 팀장에게 전화를 걸었다. 안될 걸 알았지만 그래도 혹시나 하는 마음이었기에 미안해서 뒷말을 흐리며

  "팀장님! 잘 계시죠? 다름이 아니라 성격에 대해서 논문을 쓰려고 하는데 혹시 재소자들을 설문조사하는 걸 좀 도와주실 수 있나 해서요"

  의외의 답이 왔다.

  "아이고 원장님! 당근 해 드려야지요. 내 힘들 때 원장님이 도와주셨는데요. 어떻게 도우면 됩니꺼?"

그렇게 그 팀장의 도움으로 구하기 힘든 데이터라는 아주 후한 평을 받으며 무사히 석사, 박사학위를 받았고 그 뒤로도 학술논문 몇 편을 더 낼 수 있었다. 지금은 그 연구들을 바탕으로 강연을 하고 글을 쓰고 있다.

여기에는 팀장과의 인연과 함께 나의 성격도 한몫한 것 같다. 나는 어떤 일을 선택할 때 해보고 후회하는 것이 그렇지 않고 후회하는 것보다 낫다고 생각한다. 그러다 보니 손해가 크지 않다면 이익이 작더라도 일단 해 본다. 기회는 빠르게 지나가기에 이익이 큰가 작은가를 따질 때 벌써 다른 데로 가버린다. 나에게 왔을 때 낚아채려면 여러 가지 많은 생각보다 손해가 적은가 만 따지고 빨리 판단하여 잡아야 한다. 그래야 나에게 온다. 이러한 성격 탓에 그 팀장과의 인연이 계속 이어지지 않았을까.

심리학자 아들러는 행동하는 '용기'를 중요하게 여겼다. 그러한 그의 이론은 지금의 심리상담 이론에 있어서 중요한 기반이 된다. 상담 대상이 본인의 비합리적 사고를 인지하여도 그걸 선택하고 실천하는 데는 행동으로 옮기려는 '용기'가 필요하다. 이러한 '용기'는 작은 데서 시작하는 것 같다.

지금 와서 곰곰이 생각해보면 내 삶의 큰 패턴을 바꾼 일들은 의외로, 그 시작점은 항상 작은 선택이었다.

어쩌다 무심코 선택한 작은 일들이 삶에 기회가 되어 큰 행운을 가져다줄 때가 많았다.

  '나비효과' 처럼.

  장자의 「도덕경」에 하늘의 넓은 그물이 나온다. 그런 거대한 하늘의 넓은 그물도 그 시작은 한 땀에서 시작한다.

  '작다고 쉽게 생각하지 마라. 그 시작은 작지만, 그 끝은 어찌 될지 모를 일이기에'

가치는 바뀐다

 살면서 그때는 분명 좋다고 생각했던 것이 지나고 보니 그때와는 다를 때가 종종 있다.

 우리 아부지의 경제관념은 하느님도 못 말린다. 없는 살림에 고기 한 번 사 먹지 않고 허리띠를 졸라매어 우리 동네에서 최고 명당인 곳, 그중에서도 가장 물 대기 좋은 데 위치한 논을 사셨다. 45년 전, 대구 인근 땅보다 훨 비싼 가격인 평당 2만원하는 논이었다. 그때 논문서를 손에 받은 날 아부지 환히 웃으시던 모습이 내가 본 아부지 모습 중에서 젤 행복한 모습이지 않을까?

 작은언니가 결혼 초에 월배에서 신혼살림을 살았는데 그때 그 동네는 허허벌판이었다. 그때 아깻들이 아니라 월배 허허벌판의 저렴한 논을 샀더라면 아마 우리 집은 지금쯤 부자반열에 오르지 않았을까?

 우리 딸은 예체능에 강하다. 음악은 절대 음감을 가졌다. 딸이 어릴 적, 누르는 버튼에 따라 음이 다른 휴대폰이 출시됐는데 남편의 폰도 그러했다. 남편이 문자를 보내려고 띠뚜또·띠·· 하고 누르면 그 내용이 뭔질 알아차렸다. 음악엔 잼뱅이인 우리 두 사람 사이에 어떻게 저런 재주를 타고 태어났는지 신기할 따름이었다. 미술은 학년이 바뀔 때마다 상을 받아왔다, 체육은 아이들 운동회 때 나와 아들과 딸이 모두 4백 릴레이 주자로 나간 적도 있었다. 이런 재능을 가진 데다 아이들을 좋아했다.
 그래서 딸은 교대를 원했지만, 몇 번의 미끄럼틀을 타고는 아동학과를 선택했고 올해 졸업을 했다. 딸이 들어가려고 하던 때만 하여도 교대가 의대와 더불어 몇 손가락 안에 들던 인기학과였는데, 작년엔 교대정시에서 13개 대학 중, 11개 대학이 사실상 정원미달이라는 뉴스를 보았다. 불과 4년 차이다. 그 사이에 가치가 바뀐 것이다.

 시간에 따른 가치 변화뿐만 아니더라도 다른 많은 변수에 의해서 가치가 바뀔 수 있다. 그런데 사람의 외모도 그 가치가 바뀐다. 이런 가치 변화는 인간관계에도 많은 영향을 미친다.

같은 나무이더라도 어느 위치에서 보느냐? 에 따라 가치가 다르게 보인다. 순광에서 보는 것보다 역광에서 바라보면 같은 나무지만 천지 차이로 보인다. 나무가 역광을 받으면 나뭇잎 하나하나에 후광이 생기면서 반짝반짝 빛난다. 사람 역시도 지금 있는 곳 조명이 어떤가에 따라 다르게 보인다. 햇볕이 쨍한 장소에서 처음 만난 것과 은은한 할로겐 조명 아래에서 처음 만난 것은 그 예쁘기가 천양지차다. 이런 첫 만남은 그 사람의 첫인상이 되어 무의식에 저장되고 평생을 따라다닌다. 이걸 나는 인연이라 생각한다.

장시간에도 가치 변화는 일어난다. 젊을 때는 이목구비가 잘생기고 몸매가 늘씬하면 잘생긴 외모다. 하지만 나이가 들면서 잘 생긴 사람들이 가지는 조건이 달라진다. 남자는 머리숱이 많으면 50점 따고 들어가고, 여자는 피부 탄력이 좋고 날씬하면 50점 따고 들어간다. 분명 젊었을 땐 잘 생긴 외모는 아니었는데 혹은 분명 인물이 좋은 친구였는데 몇십 년 지나 만나보니 외모가 달라졌다면 이러한 것에서 변화가 있었을 것이다. 예전 외모에서 50점 +와, -가 반영되었으니 그 점수 치가 달라질 수밖에. 여자 친구도 매 한 가지다.

이뿐만 아니라, 가치가 달라지는 것은 수도 없이 많다. 지금 가치가 낮다고 해서 너무 걱정할 필요 없다. 가치는 고정된 것이 아니거든.

  우리는 객관적인 가치 차이로는 잘 부딪히지 않는다. 우리가 주로 관계에서 힘들어하는 점은 주관적 가치 차이에서 오는 것이다.
  모임에서 처음 만난 사람이 나에게 이런 질문을 한다.
"몇 살이세요?"
"네, 개띠예요." 하고 대답했다.
  돌아오는 답변이 가관이다.
"아! 나보다 많거나 비슷한 줄 알았는데, 나보다 어리시네요. 나는 말띠거든요 호호" 내가 묻지도 않았는데.
  그럼 난 속으로 이런 생각을 한다.
"음…, 저 사람 잘 모르는 얘기 하고 있군"
  웨딩숍을 하고 사진을 하면서 이러한 섭리를 알고 있는 나기에 별 의미 없이 듣는다. 그러려니 한다.

  이 섭리는 아무도 모르는데 얘기하겠다. 이것 하나만 알아도 인간관계에 있어서 많은 보탬이 될 것이다.
  우리는 자기 얼굴을 직접 눈으로는 볼 수 없다. 늘 거울이나 사진을 통해서만 보게 된다. 여기에 맹점이 있는 것이다. 거울 속에 비친 내 모습은 거울과의 거리가 거울 속에 반영되다 보니 두

배 먼 거리의 내 모습이다. 거리와 선명도는 비례한다. 그리고 밝기와 선명도 역시 비례한다. 가까울수록 그리고 밝을수록 선명하게 보이므로 주름과 잡티가 더 잘 보인다. 그런데 다른 사람은 직접 눈으로 보지만, 정작 본인의 얼굴은 실내에서 거울로 들여다본다. 그러니 당연히 본인이 더 젊고 더 예쁘게 보일 수밖에 없다. 그리고 이런 원리는 나이가 들수록 더 편차가 커진다. 시간에 가속도가 더 보태어지기 때문이다.

그러니 자기보다 4살 많아 보인다는 그 여자 얘기가 거짓말도 아니고 자기애성 성격 특성이 있는 사람을 뜻하는 나르시시스트로서의 표현도 아닌 것이다.

명심하자. 다른 사람에게 나이를 얘기할 땐 4살 정도 낮춰서 얘기해야 한다는 것을. 아니면 뒤통수가 좀 따갑다. 밉상이 된다.

그리고 다른 사람이 말해주는 나의 나이는 4살 빼고 받아들이면 된다는 것을. 아니면 마음 다쳐서 우울증이 오거나 통장에 구멍이 날 수 있다. 피부과 시술과 안면거상술은 엄청 비싸거든.

바라는 만큼 독해져야지!

사회에서 알게 된 모임이 있다. 한 친구가 조금 늦게 모임에 와서는 딸 얘기를 했다.

올해 대학교를 졸업한 딸이 대학원을 다니면서 아르바이트를 시작했다. 첫 월급을 받게 되자 친구는 축하한다며 축하선물로 뭘 사줄까 하니 백을 사달라 해서 백화점에 함께 갔다. 요즘 유행은 첫 월급 받은 자식이 부모에게 빨간 내복을 선물하는 것이 아니라 부모가 수고했다고 자녀에게 선물하는 것이란다. 그런데 백을 사달라던 딸은 백을 사지 않고 그냥 돌아왔다. 백 가격을 보더니 본인이 한 달 꼬박 아르바이트해서 처음으로 받은 48만 원과 비슷하여 차마 살 수가 없었기에.

얘길 하면서 "역시 돈을 벌어 봐야 해" 하며 싱글벙글했다. 그러자 옆에서 듣고 있던 내가

"우리 애는 고등학교 졸업하고부터 10원도 용돈 준 적 없는데, 화장품도 밥도 자기가 모두 알아서 하는데" 라며 그 친구 딸과 동갑인 도은이 얘기를 했다.

내 형편이 자식 용돈 못 줄 만큼 어렵지 않기에, 또 요즘은 자식들을 금지옥엽으로 귀하디 귀하게 키우기에 옆에서 듣던 모두가 깜짝 놀라면서

"뭐! 그럼 공부는 언제 하고? 너무한 것 아닌가?" 라며 한마디씩 건넸다.

"나는 내가 벌어서 등록금도 댔는데 용돈 그거 못하겠나?"

그랬다. 우리 집은 아이들 둘 다 고등학교 졸업하고 나서는 용돈을 줘본 적이 없다. 우리 부부의 철학이 확고하였기에.

내가 고등학교 이학년 때였다. 앞집아줌마가 이웃 동네에 고추 심는데 사람이 모자란다며 우리 둘 보고 가자고 하셨다. 용돈이 필요했던 우리는 좋아라 승낙했다. 새벽 5시에 차가 왔기에 아침도 못 먹고 겨우 일어나서 비몽사몽 인채로 출발했다. 빈속인데다, 잠도 모자란 데다, 남의 돈을 받고 하는 일인지라 참으로 힘이 들었다. 아무리 공짜인력을 좋아하시는 우리 아부지도 새벽 5시에는 일을 시키지 않으셨는데.

어린 마음에 혹시나 시간 전에 끝나면 집에 가라 할까 싶어 남

은 밭골을 쳐다보면 봐도 봐도 끝이 보이지 않았다. 그놈의 밭은 남의 힘든 속도 모르고 얼마나 긴지. 죽을랑 말랑할 때쯤 오전 참이 나왔고 배가 든든하니 덜 힘들었다.

내 인생에 있어서 제일 육체적으로 힘든 날이 '그날' 이었다. 그때부터 내 모든 힘든 기준은 '고추 심으러 간 날' 이었다. 고등학교를 졸업하고 나름 힘든 일이 많았지만, 그때 비하면 참을 만했다. 그렇게 왠만큼 힘든 상황은 '그날' 덕분에 참을 수가 있었다.

제일 힘들었던 '그날' 이 내 삶에 버팀목이 되어준 것이었다.

아들이 고등학교 2학년 때였다. 웨딩업 이란 게 봄가을 주말 몇 주가 피크인지라 피크 땐 늘 사람이 모자랐다. 웨딩홀 지배인이 주말에 서빙 할 사람 없냐기에 우리 애들을 소개했다. 평소엔 공부에 방해된다고 어림도 없는 일이었겠지만 마침 중간고사 마친 주말이라 어차피 집에 있어도 빈둥거릴 걸 알았던 남편이 허락했다. 아이들은 물론 땡큐 땡땡큐 환영했다.

막상 가려는 날 아들이 몸살로 인해 열이 났다. 아픈 몸으로 일하기엔 무리지 싶어 가지 말라 하니 간다고 했다. 아빠의 야박한 용돈에 더없이 좋은 기회였으니 그 기회를 놓치기엔 아까웠을 것이다. 책상에 앉아만 있어 봤지 일을 해본 적 없던 아이가, 그냥 누워만 있어도 힘들 텐데 열나는 몸으로 하루를 버텼으니 힘든 건 안 봐도 비디오다.

그렇게 아들도 나와 똑같은 경험을 하게 되었다.

'그날'이 모든 힘든 날의 기준점이 됐을 것이다.

그리고, 살아가면서 '그날'이 아들의 삶에 버팀목이 되어 줄 것이다. 나처럼.

아들은 고등학교를 졸업한 뒤부터 모든 경제를 본인이 책임지며 살아가고 있다. 부모가 되어서 어찌 마음이 편하겠는가? 우리 부모님께서도 스무 살의 우리를 그런 마음으로 보셨을 것이다.

힘들다고 마냥 품을 수는 없는 노릇 아닌가?

어미 사자가 새끼를 벼랑으로 떨어뜨릴 때 그 마음이 어찌 편할까? 그 엄마 사자는 마음이 힘들었을 것이고 어린 사자는 몸이 힘들었을 것이다. 그러나 새끼 사자는 그걸 버텼기에 자라서 밀림의 왕이 될 수 있었다.

그렇게 그렇게…….

행동형인 나는 '강한 자만이 살아남는다'

사고형인 남편은 '미래를 위해선 지금 힘들어도 참아야 한다'

이런 우리 부부의 뜻을 아들도, 딸도 따라주었다. 물론 엄청난 반항이 있었지만.

　우리 집 가훈이 '바라는 만큼 노력하자'이다

　그렇다 '바라는 만큼 독해져야지'

엄마들이 요리를 잘하던 못하던 중요하지 않다.
아이들은 어릴 적 먹었던 요리에서 엄마의 사랑을 기억하지
맛있고 맛없고를 기억하는 것이 아니다.
모든 엄마는 마법가루를 가지고 있다.
그것이 바로 엄마만이 가지고 있는 사랑이다.
얼마나 다행인가?
세상에 모든 엄마는 이 마법가루를 가지고 있으니 말이다.

3

엄마의 마법가루

　에니메이션 영화『라따뚜이』는 최고 호텔요리사가 꿈인 생쥐 '레미'와 재능도 없고 어리바리한 주방 견습생 '랭귀니'와의 우정을 그린 프랑스 요리 에니메이션 영화다. 생쥐와 요리는 어울리는 캐릭터가 아니지만, 영화 속으로 막 빨려드는 재미있는 영화다.

　한 유명한 요리평론가는 그 어떤 음식에도 평을 박하게 주었다. '그가 어느 음식점에 어떤 평을 줬다'라는 건 굉장한 흥밋거리로 메스컴과 대중들에게 늘 관심사였으며, 어쩌다 좋은 평을 받은 식당은 손님으로 미어 터지게 되었다.

　그러던 중 주인공 '랭귀니'가 있는 식당에 맛을 평가하러 오게 되었고 주인공 '랭귀니'는 최고급 재료를 사용한 고급스런 음식을 만들려고 한다. 하지만 생쥐 '레미'는

"아니, 아니야, 그건 아니야! 나만 믿어"

그리고 '레미'는 요리를 하였고 그걸 맛본 요리평론가는 눈이 휘둥그레 지면서 마지막 접시를 혀로 핥아 깨끗한 접시만 남겼다.

그 요리평론가를 감동케 만든 요리는 바로 평론가가 가난했던 어릴 적 엄마가 만들어준 별 볼 일 없는 아주 평범하고 흔한 음식인 '라따뚜이(프랑스식 스프요리)'였다. 그 요리평론가에게 어떤 유명한 요리사가 만든 고급요리보다도 맛있는 요리는 엄마의 사랑과 추억이 담긴 요리였던 것이다.

예전 우리 엄마들은 참 음식을 맛깔나게 잘 하셨다. 재료가 좋은 것도, 요리학원을 다닌 것도 아닌데 말이다. 그런 대표적인 한 사람이 우리 엄마다.

우리 동네에서는 엄마의 음식 솜씨가 좋기로 소문이 자자 했다. 어릴 적만 해도 단오나 동지 그리고 결혼식 땐 우리 동네에서는 꿀밤나무 아래 솥을 걸고 마을 사람들 모두에게 음식을 대접했다. 작은 동네지만 마을 사람들 모두가 한 번에 먹을 만큼의 음식을 하려면 큰 가마솥 몇 개를 걸어야 했다. 그럴 땐 항상 엄마가 모든 음식을 맡아 하셨다.

대용량의 가마솥 밥은 불 조절이 여간 어려운 것이 아니다. 조금만 방심해도 검은 누룽지가 생기고 그 탄내가 온 밥에 베어 먹기가 힘들어진다. 엄마는 그 큰 가마솥 밥을 다 푸고 나면 노릇노릇한 누룽지가 나오게 하는 묘한 재주를 가지셨다.

세상에서 제일 맛 나는 누룽지가 만들어졌다. 매번.

한번은 추운 겨울에 동네 아줌마 한 분이 우리 집엘 다녀가셨다. 그때만 하여도 경로당이 따로 없던 시절이라 겨울엔 엄마들과 아부지들은 늘 모이는 집이 있었다. 엄마들은 앞집 옥이네 집에 모이셨기에, 낮에 우리 집에 볼일 없이는 오실 일이 없다는 걸 아는 우리는 왜 오셨을까 궁금했다.

그런데 딱히 할 얘기도 없이 그냥 엄마한테

"아이고! 날이 참말로 춥네, 도게띠는 뭐하노 싶어 와봤다."

하시고는 그냥 가셨다.

나중에야 왜 다녀가셨는지를 알았다. 동네에서 엄마 물김치가 신이 만든 물김치로 소문이 났는데, 아줌마는 딸네 집에 들른다고 옥이네 집에 못 모이셔서 엄마 물김치 맛을 보지 못하셨다. 마냥 궁금해서 물김치 국물이 혹 셀까 싶어 뚜껑이 있는 양은주전자를 가지고 오셨는데 차마 입이 안 떨어져서 그냥 가셨다는 것이다. 며칠 뒤 그 얘길 들은 인심 좋은 엄마는 한 주전자 가져다드렸더니 그리그리 고마워하셨다며 엄마는 당신 음식 솜씨를 은근히 자랑하셨다.

우리 집은 아부지의 완강한 경제관념으로 고기를 사 먹어본 적이 드물다. 할매랑 아부지 생신 때, 명절 때 아니면 고기반찬 구경을 할 수 없었다. 겨울이면 김치랑 무나 씨레기를 넣은 된장 찌개, 여름에는 밭에서 난 재료들이 많기에 신선한 채소를 이용한 무침 종류와 애호박을 송송 썰어 넣은 된장찌게로 항상 같은 음식이었다. 그런데도 엄마의 마법이 들어가서인지 늘 맛있었다. 지금도 어쩌다 배가 고플 때면 엄마가 끓여준 보글보글 끓는 금방 끓인 씨레기 된장찌개가 생각난다. 최고의 쉐프가 만든 음식과 엄마의 된장찌개를 만약 누가 비교 한다면 우리 남매들은 얘기할 것이다.

"참말로 카는교? 부로 카는교? 어따 비교하는교? 기분나쁘게"

결혼 후 줄곧 맞벌이 부부였다. 수입이 좋았기에 집에 살림을 내가 하는 것보다 다른 사람한테 맡기는 것이 경제적으로 훨씬 효율적이었다. 복인지 벌인지는 잘 모르겠지만 내 몸 씻을 때를 제외하곤 물에 손 담글 일이 없었다. 나 한 사람으로만 보면 복이 맞다. 그런데 아이들을 생각하면 벌이 맞다. 그러다 보니 아이들한테 내가 해준 음식이 거의 없다. 한 번씩 '내가 엄마를 그리워할 때마다 엄마가 해주신 음식이 그리워지는데 우리 아이들은 뭘로 나를 그리워할까?' 생각해보면 확실히 벌이 맞는 듯하다. 남편은 늘 이것이 불만이었다.

한번은 부산에 있는 아들에게서 전화가 걸려왔다.

"엄마! 그때 엄마가 부쳐준 부추전 먹고 싶은데 어떻게 만들어?"

'세상에나 이런 날도 오는구나! 얼씨구 앗싸!' 하면서 부침가루와 부추만 있으면 된다며 방법을 가르쳐 줬다.

그리고는 남편한테

"봤나, 봤어? 나도 엄마 이미지가 있는 여자라구! 까불고 있어. 참, 나."

큰 전쟁에서 대승하고 돌아오는 개선장군도, 올림픽 인기종목에서 금메달을 따고 돌아오는 금메달리스트도 그 정도로 당당하지는 않을 것이다.

그러던 중 얼마 전 딸이 밖에 나갔다 오면서 배고프다며 간장떡볶이를 만들어 달라고 했다. 엄마가 만들어준 간장떡볶이가 참 맛있다고 한다. 나의 간장떡볶이는 특별하다. 아니 특별한 것이 아니라 특이하다. 아이들이 어릴 적 고추장떡볶이는 매워 못 먹기에 고추장 대신 간장을 넣었는데 간장을 너무 많이 넣어 먹을 수가 없기에 순간 재치를 발휘해서 계란이랑 밥을 넣었더니 그 뒤론 나의 간장떡볶이가 된 것이다.

남편한테

"뭐! 애들이 엄마 음식이 없다고? 모르는 말씀. 현이는 부추전, 도은이는 간장떡볶이. 됐냐 됐어? 앗싸"

나의 가장 약한 고리였는데 아이들이 방패를 만들어 줬다. 그렇지 아이들은 늘 내 편이지.

작년에 엄마는 소풍을 마치고 하늘나라로 가셨다. 그렇지만 나는 어릴 적 엄마가 해준 음식의 맛이 뇌리에 그대로 남아있다.
엄마들이 요리를 잘하던 못하던 중요하지 않다. 아이들은 어릴 적 먹었던 요리에서 엄마의 사랑과 추억을 기억하지 맛있고 맛없고를 기억하는 것이 아니다. 모든 엄마는 마법가루를 가지고 있다. 그것이 바로 엄마만이 가지고 있는 사랑이다.
얼마나 다행인가?
세상에 모든 엄마는 이 마법가루를 가지고 있으니 말이다.

'세상에 맞벌이하는 아내들이여 걱정하지 마라. 신은 이리도 공평하니 말이다.'

인연

큰애가 초등학교 4학년 때의 일이다. 언니네 큰조카가 학원 갔다가 돌아오는 길에 강아지 한 마리가 졸졸 따라오는 걸 어린 마음에 안쓰러워, 차마 두고 오질 못해 데리고 왔다. 언니는 하루만 있다가 유기견센터에 데려간다고 집으로 들였기에 이름을 '하루'라고 지었고 언니네 막둥이가 되었다. 이것이 유기견과의 인연이 되어 지금의 '부비'를 만나게 되었다.

큰애가 사춘기로 접어들면서 버거워지자 완강하게 반대하던 남편도 마음을 열어 허락하게 되었고, 아이들이 모든 돌봄을 책임지겠다는 다짐도 받아 애완견을 키우기로 하였다. 유기견 보호단체에서 봉사활동을 하는 지인에게 푸들이 애완견으로 좋다는 얘기를 자주 들었기에 푸들 한 마리 있냐고 물었더니 지금은 없는데 들어오면 연락을 주겠다고 했다. 얼마 지나지 않아 담요로 돌돌 말아 상자에 넣어 지하철 계단에 버려진 푸들이 있다며 연락이 왔다. 퇴근하고 팔공산까지 가니 제법 멀었다. 하지만, 평소 개를 좋아하던 나는 먼 거리보다는 기대감이 더 컸기에 멀게 느끼진 못했다.

보는 순간 나는 깜짝 놀랐다. 갈색 푸들인데, 털을 바리깡이 아닌 가위로 깎다가 버려졌는지 온몸에 털이 들쑥날쑥하고 귀는 헤비메탈 가수처럼 잘려져있어 눈이 더욱 튀어나와 보였다. 가장 특이한 모습은 부정교합이 너무 심해서 아랫니가 툭 튀어나와 입이 다물리지 않는 것이었다. 옆에 유기견들이 많이 있어서 이놈을 포기하고 다른 예쁜 강아지로 데려가고픈 생각도 순간 들었지만, 그냥 데리고 왔다.

집에 오니 낯선 환경에 놀랐는지 구석에 오줌을 싸질 않나, 그걸 또 핥아 먹질 않나, 남자 어른에게 학대를 받은 경험이 있었는지 남편에게 으르렁대며 공격적이질 않나 '괜히 데리고 왔나' 하는 후회감이 몰려왔다. 이런 내 속도 모르고 아이들은 '왜 이리 못생겼냐고, 이래서 버려졌나 보다' 하고, 남편은 '이렇게 사나워서 어떻게 키워?' 라며 내 속을 뒤집어 놨다. 그런 강아지가 우리 집 막둥이 '부비' 다. 그렇게 나에게로 와서 가슴으로 낳은 막둥이가 됐다.

지금은 어찌나 예쁜지 어쩌다 시선이 부비에게로 가면 저절로 입이 찢어진다. 우리 부부 베개 사이에서 잠자는데 자다가 어쩌다 살짝 잠이 깨면 너무 예뻐서 뽀뽀하지 않고는 다시 잠들 수가 없다. 늘 이러고 논다. 부비 귀를 위로 들었다 내렸다 하면서 1인 2역을 하며 내가 묻고 부비가 대답한다.

"세상에서 제일 예쁜 강아지는 누구예요? 부비요."

"세상에서 제일 똑똑한 강아지는 누구예요? 부비요."

"그걸 어떻게 알지요? 엄마가 얘기했어요. 엄마는 거짓말 안 해요."

부비는 허리디스크 수술을 받아서 뒷다리를 전다. 비만이라 다이어트사료를 먹어야 하고, 스켈링도 가끔 해야 하고, 매일 양치와 털을 빗겨야 하고, 비가 오나 눈이 오나 산책을 해야 하고, 유기될 때의 불안이 트라우마가 되어 혼자 집에 두질 못한다. 그래도 어쩌다 가족 모두가 집을 비울 때면 언니네 집에 데려다주었다가 데리고 와야 한다. 비용면에서나 노동면에서나 여간 무리가 가는 것이 아니다. 그렇지만, 우리 가족에겐 들어가는 수고로움과 경제적 부담보다는 우리에게 가져다주는 위안과 행복이 훨씬 더 크다.

큰애가 물었다.

"엄마! 부비 죽으면 개 또 키울 거야? 내 친구는 강아지 키우다

죽는 것 보고 너무 마음이 아파서 다시는 개 안 키운다던데?"

나는 이렇게 대답했다.

"나는 또 키울 건데, 있을 때 온 마음을 다 주면 되지. 죽는 것까지 어떻게 엄마가 할 수 없잖아. 미련 없도록 지금 살았을 때 잘해줘야지. 내가 할 수 있는 것만 하면 되지. 저렇게 나를 행복하게 만드는데?"

'우리는 만날 때 떠날 것을 염려하는 것과 같이, 떠날 때 다시 만날 것을 믿습니다' 라는 시 구절이 생각난다. 떠날 것을 두려워 만남을 포기할 순 없다. 지금 나에게 주어진 시간에 최선을 다하되, 내 힘으론 안 되는 것은 받아들여야 할 것이다.

그런데 구더기 무서워 장 못 담그는 사람들이 있다. 요즘 젊은 부부들은 아이를 낳고는 싶지만 낳은 뒤 키우는 어려움이 두려워 아이를 가지지 않는다.

나에게는 배 아파 낳은 두 아이와 가슴 아파 낳은 막둥이 부비가 있다. 만약 신이 있어 나에게 "젊은 시절로 돌아갈 수 있으니 돌아가겠냐?"고 묻는다면 나는 "지금이 좋으니 돌아가지 않겠습니다."고 대답할 것이다. 그만큼 아이를 키우는 것이 내게는 힘든 일이었다. 하지만 다시 젊을 때로 돌아간다면 아이는 여전히 낳을 것이다. 내 삶의 행복 중에서 아이들을 빼면 무엇이, 얼마나 남을까? 힘든 것보다 행복이 훨씬 더 크다.

이와는 반대로 한 지붕 두 가족인 부부는 이혼 후의 불확실한 삶이 두려워 이혼을 원하지만 헤어지지 못하고 죽지 못해 함께 산다. 이혼을 부추기는 것은 아니지만, 함께 있어서 불행한 것보다 떨어져서 행복하다면 나는 기꺼이 행복을 선택하겠다. 지금 행복은 미래의 행복과 견주지 못할 만큼 크기가 다르다. 태어날 때는 순서대로 태어나지만, 죽을 때는 순서대로 죽는 것이 아니기에 오늘이 마지막 삶일지도 모를 일이다. 마지막 날을 사랑하는 사람이 아니라 제일 미운 사람과 함께 보내는 것은 너무 가혹한 일이 아닐까?

결혼하는 부부에게 어떤 점이 좋아서 만나게 되었냐고 물으면 천 가지의 대답을 한다. 신기하게도 헤어지는 부부에게 헤어지는 이유를 물으면

"우리 두 사람의 성격이 너무 달라서요"라며 모두가 같은 대답을 한다.

가만 생각해보면 '성격이 너무 달라서'가 아니라 '성격이 너무 같아서' 헤어지는 것은 아닐까?

어떤 이는 인연을 두려워 맺지 못하고, 어떤 이는 인연을 두려워 놓지 못한다. 이런 사람들에게 이 시를 전해주고 싶다.

라인홀드 니버, '평온을 비는 기도'

'하나님,
우리가 바꿀 수 없는 것은 담담히 수용할 수 있도록 은총 내려주시고
우리가 바꾸어야 할 것은 변화시킬 수 있는 용기를 주시고
둘 중 어떤 경우인지 분별할 수 있는 지혜도 주옵소서.

하루하루를 소중히 여기며 진지하게 보내게 하시고
순간순간을 누리게 하옵소서.
여러 어려움들을 평강으로 가는 오솔길로 여기게 하시고
죄 많은 세상,
내가 원하는 것만 받아들이지 말고
주님께서 그랬던 것처럼
있는 그대로 끌어안게 하옵소서.

주님의 뜻에 전적으로 맡기면
주께서 모든 것을 잘 되게 하신다는 것을 신뢰하게 하사
이 세상 살아가면서 저희들 그런대로 행복하게 하시고
다음 세계에서는 주님과 함께하는 최고의 행복을
영원히 누리게 하옵소서.

재미있는 일과 잘 하는 일

나는 그냥 좌충우돌 부딪히며 막 해보는 성격이다. 누구한테 뭘 차분히 배우질 못한다. 이런 나를 주위에선 '무대뽀'라 부른다.

드레스를 만들어 봐야지 하며 학원을 갔다가 3일 배우고는 가지 않았다. 그리고는 천을 떠서 바로 드레스를 만들었다. 디자인은 너무 예쁜데 세탁 후 박음질이 틀어져서 그 뒤론 만들지 않고 사는 방향을 선택했다. 경제적으로 비효율적이었다는 걸 알았기에. 하지만 작은 소품들은 지금도 직접 만든다. 재밌다.

수영을 배우면서 한 달 만에 모든 수영법을 터득하고 두 달을 다니고는 자유 수영반으로 바꿨다. 지금도 수영만 하면 귀에 물이 들어간다. '너무 기초를 안 배워서 그렇구나'라고 생각한다.

그래도 재밌다. 골프를 배우면서도, 배드민턴을 배우면서도 매한 가지였다. 스크린 골프를 늘 혼자서 친다. 주인은 이상하게 보면서도 '왜 혼자 치냐'고 묻지는 않는다. 다른 사람들과 치면 기다리는 시간이 답답하다. 지금도 늘 혼자 스크린을 친다. 재밌다.

웨딩숍도 상담센터도 그냥 차렸다. 누구한테 사진기술을 배우지도 않았고, 상담기술을 익힌 적도 없고, 강연 노하우를 물어본 적도 없다. 혼자서 '이렇게 하면 되겠지?' 하면서 무작정 시도했다. 사진 촬영을 처음하고는 며칠을 못 일어났고, 상담은 하루를 못 일어났다. 그나마 강연은 힘이 들지 않았다. 그렇게 그렇게 혼자서 무작정 막 했고 잘 해냈다.

계속 직장을 다니다가 얼마 전 그만뒀다. 요리를 시작했다. 그 전엔 요리 경험이 '0'이다. 주부로서 요리 경험이 '0'이라면 부러워할 여성이 있겠지만 신은 공평하여 다른 힘든 것도 준다. 부러워할 필요는 없다. 50년을 요리 경험이 없지만, 그냥 요리를 시작했다. 싱거우면 소금 더 넣고 짜면 물 더 붓고 하면서. 가끔은 남편을 깜짝 놀래킬 때도 있고, 가끔은 나 스스로가 생각해도 획기적인 요리를 만들어 놀랄 때도 있다. 그냥 막 한다. 재밌다.

학창시절 시험 준비를 하면 제일 먼저 화학을 공부했다. 다음은 생물 그리고 수학 이렇게 다하고 마지막으로 하였던 과목이

국어였다. 국어가 참 싫었다.

왜 싫었을까? 화학이나 생물처럼 명쾌한 답이 바로 나오지 않아서 재미가 없었을까? 여하튼, 국어는 싫었다. 그나마 늘 첫 단락에 나왔던 시와 시조는 재미있었다. 그리곤 모두 지루하였다.

국어공부도 싫었지만, 글쓰기는 더욱 싫었다. 사춘기 여자아이들이 시 한 편 정도는 써 볼만도 한데 무엇을 쓴다는 것 자체를 상상조차 해본 적이 없으니 참. 그리고 보니 연애편지도 써 본 적이 없다. 친구들을 보면 사랑을 주제로 한 소설을 많이 좋아했는데 그 유명한 부활, 테스, 폭풍의 언덕도 재미 없어서 읽다가 그만뒀다.

40이 훌쩍 넘은 나이에 논문을 쓰려고 처음으로 '한컴' 프로그램을 깔았다. 논문 쓰는 방법을 배워본 적도 없었지만, 논문을 쓰기 시작했다. 너무 오래 앉아 있어서 엉덩이가 아파 더는 논문을 쓸 수 없을 때까지, 날이 훤히 밝아서 더는 눈이 스르르 감겨 모니터를 볼 수 없을 때까지 썼다.

그렇게 여섯 편의 논문을 썼다. 문서작성이 처음이라 너무 힘들었고, 글쓰기를 싫어했기에 재미는 없었지만, 학위를 받으려고 겨우 어쩔 수 없이 썼다.

그런 내가 글을 쓴다.
그런데 너무 재밌다. 팔이 아파서, 눈이 감겨서 쓰질 못할 뿐이다. 연애 때 아침에 절로 눈이 뜨이듯 아침에 눈이 번쩍하고 뜨인다. 연애 때를 제외하곤 이런 경험이 처음이다. 글이 술술 그냥 써 내려 가진다. 그렇게 국어를 싫어했고 글쓰기를 싫어했던 내가 어쩔 수 없이 논문을 쓰면서 글쓰기가 늘게 되었다. 그리고 글을 쓰니 술술 쓰이게 된 것이다.

그리고 지금은 글쓰기가 재밌다.

'그리스인 조르바' 가 생각난다.

'질리도록 해보라'

'무대뽀' 를 당할 자가 어디 있을까?

그런데 '무대뽀' 도 통하지 않는 게 있다. '리듬 감각' 이다.

장구를 한 달 배우고는 그만뒀다. 아무리 연습해도 안 된다. 혼자는 되는데 음악에 맞추면 박자가 틀린다. 댄스도 한 달 하고는 그만뒀다. 아무리 연습해도 허리가 돌아가지 않는다. 그러니 리듬에 맞출 수가 없다. 노래연습실도 한 달 다니고 그만뒀다. 아무리 불러도 박자를 맞출 수가 없다.

그 뒤론 다시 시도해보지 않았다. 분명 평소 재밌어서 시작했는데 재미가 없다.

'무대뽀' 도 재미없는 것은 통하지 않는다. 그런데 곰곰이 생각해보니 재미없어서 그만둔 게 아니라 잘되지 않으니 재미가 없어지면서 그만둔 것이었다.

누가

"재밌는 일을 해야 합니까? 아니면 잘 하는 일을 해야 합니까?"라고 물으면. 나는 서슴없이 대답한다.

"잘 하는 일을 하라"고.

그래야 재밌고, 그래야 오래 할 수 있다.

재밌다고 해도 잘 하지 못하면 경쟁에서 이길 수가 없을 뿐만 아니라, 오래 할 수도 없다. 재미있는 일은 취미로 하고 직업으로는 잘하는 일을 해야 한다.

아무리 재미있어서 '무대뽀'로 했지만 잘 하지 못하니 재미도 잃게 되고 그만두게 되었다.

잘 하는 일을 하라. '무대뽀'를 이길 수 있는 것은 잘하는 것뿐이다.

무엇을 감사할까?

 모 교수님이 '차이코프스키'를 예로 들면서 '진짜로 큰 인재는 몇백 년이 지나도 그 가치를 인정받는데 우리나라에는 훌륭한 인재가 없다'고 하셨다.
 그럴까? 나는 우리나라에 인재가 없었다는 데 동의할 수 없다. 인재는 많았는데 단지 그 인재들이 문화적인 지역을 잘못 타고 태어난 것이 아닐까? 만약 동양이 세계의 패권국이라면 미의 기준은 지금처럼 서구적인 외모가 아니라 동양적인 미인의 외모가 기준일 것이다.

 그 시대의 패권을 누가 장악하는가에 따라 문화의 흐름도 결정되어 진다. 지금은 유럽의 문화가 우수하다고 생각하기에 베토벤, 차이코프스키, 톨스토이, 헤밍웨이, 고흐, 고갱과 같은 인물들이 큰 인재로 인정받는 것이 아닐까? 만약 동양이 패권을 가졌다면 두보, 허난설헌, 황진이, 이태백, 김홍도, 신윤복 등이 인재라고 인식됐을 것이다.

　이들은 모두가 인재인데 한쪽은 지역을 잘 타고 태어났고 한쪽은 지역을 잘못 타고 태어난 차이뿐이지 않을까?

　마이클 샌델의『정의란 무엇인가』를 빌려서 얘기해보면 손흥민이 왜 세금을 많이 내야 하는가를 이렇게 설명한다. 분명 손흥민의 재주가 뛰어나기에 많은 돈을 버는 것은 사실이다. 하지만 손흥민이 아무리 축구를 잘한다 하더라도 보는 관객들이 없다면 그 재주가 소용이 있겠는가? 만약 같은 조건을 가지고 중세 때 태어났다면 그의 축구 실력으로 지금처럼 많은 돈을 벌 수 있었겠는가? 그러니 대중의 몫이 세금이 아니겠는가?

　그렇다. 손흥민은 시대를 잘 타고 태어난 것이다.

　조선 시대의 미인화를 보면 지금 시대와는 사뭇 다르다. 크고 둥근 얼굴, 가늘고 긴 눈썹, 오똑한 콧날, 얇고 작은 입술, 뽀얀 피부, 붉은 볼, 찬 머릿결, 좁은 어깨, 넓은 골반, 조금 건강한 체격. 보는 순간 '와우! 저건 내 딸 도은이 인데!' 도은이의 외모를 그대로 설명한 것이다. 늘 딸에게 시대를 잘못 태어났다고 농담을 한다. 조선 시대 태어났으면 '국모 감' 인데 아깝다.

그렇다. 내 딸 도은이는 시대를 잘못 타고 태어났다.

옷을 샀는데 집에 와서 보니 흠이 있어 얘기하니 교환은 어렵다며 수선을 해 주겠다 한다.
"안녕하세요? 어제 수선해 주시기로 한 옷 찾으러 왔어요"
옆에 있던 처음 보는 한 여자가 나에게
"아나운서세요?"라며 묻는다.
아나운서는 맞는데 우리나라가 아니라 북한의 아나운서다. 목소리, 억양, 악센트가 영락없는 북한 아나운서로 '딱' 이다. 어디 가서 장기자랑을 하라 하면 북한 아나운서 흉내를 낸다. 그러면, 모두 "따봉, 따봉" 하며 감탄을 한다. 내가 만약 북한에서 태어났다면 TV에서 북한 뉴스를 보도할 때 늘 나오는 흰저고리에 검은 치마를 입고 마이크 앞에 앉아 있는 그 여자 아나운서가 나이지 않았을까? 생각해 본다.

그렇다. 난 38선 위가 아니라 38선 아래인, 위도를 잘 못 타고 태어났다.

잘 아는 동생의 아들은 전형적인 우뇌형 아이이다. 본인 만의 생각이 뚜렷하다. 다른 아이들과 색다른 독특한 아이디어가 풍부하다. 미술 심리수업을 나에게 와서 받았는데 아주 아이디어가 무궁무진하다. 그런데 초등학교 간지 한 달 조금 지나 담임 선생님에게서 전화가 걸려 왔다고 한다. 좀 산만하다며 상담을 했으면 좋겠다고. 나한테 이러한 하소연 전화가 왔기에 이런저런 얘기를 하였다.

"너네 아들은 정상이야. 어찌 보면 다른 아이들보다 더 뛰어나. 아인슈타인이나 에디슨 처칠도 모두 학교에서 문제아였는데, 위대한 인물이 되었잖니? 우리나라 교육에 안 맞을 뿐이야. 내가 네 아들과 수업을 해 봤잖니? 일주일에 하루 50분을 단둘이 수업을 해도 힘든데, 20명을 하루에 4시간씩이나 봐야 하는 선생님이 힘든 건 당연하지. 만약 외국이라면, 본인의 생각이 분명하고 아이디어가 좋은 아이니 아주 출중할 것인데 우리나라에 안 맞을 뿐이야. 네 아들은 나라를 잘 못 타고 태어났다구"

그렇다. 그 아이는 나라를 잘못 타고 태어났다.

신은 공평하다. 모두에게 좋은 점과 나쁜 점 하나를 주어 세상에 내보낸다.

나는 '위도'가 잘못이라면, 그럼 좋은 것은 뭐지? 가만 보자… 음… 있다. 추위를 유독 타는 나는 추운 겨울 찬물에 손을 넣을 때면 '손이 터지는 느낌'을 받는다. 그럴 때마다 드는 생각이 '예전 사람들은 그 추운데 어찌 설거지와 빨래를 했을까?' 늘 그 순간 감사한다.

그렇다. '나는 시대를 잘 타고 태어났구나! 고무장갑이 있는 시대'

그렇다면 우리는 어떤 것을 잘 타고 태어났으며, 또 어떤 것을 못나게 태어났을까?

글쓰기는 요리다

 글을 쓴다는 것은 나에겐 요리하는 것과 같다. 예전 우리 엄마들은 큰 기술도, 큰 배움도 없이 맛깔나는 음식을 참 잘 만드셨다. 우리 엄마들은 모두 최고의 요리사였다. 맛있는 요리는 좋은 재료와 훌륭한 기술이 있을 때 탄생하는데 우리 엄마들에겐 집안 대대로 내려오는 훌륭한 기술과 정성이라는 좋은 재료가 있었다.

 예전에 언니가 글을 써 보겠다며 학원을 갔었고 너무 어렵다면서 석 달을 다니더니 그만뒀다. 언니는 나와는 달리 글쓰기에 취미가 있었다. 학창시절 시를 지었는데 내가 읽어본 시중에 단연 으뜸이었다. 절친들 넷이서 추억 노트를 만들기도 하였는데, 언니는 노트를 아주 멋있게 잘 만들어 나의 부러움을 샀다. 그런 언니가 글쓰는 게 너무 어렵다며 그만뒀다기에 난 글을 써보겠다는 생각은 엄두도 못냈다. 언니와는 달리 난 글쓰기에 재주도 없거니와 흥미도 없었다. 추억 노트를 만들 때도 난 노트 형태만 만들었지 안에 어떤 것도 쓰지 않았다.

  나는 엄청난 악필이다. 은행이나 어디 글씨를 꼭 써야 하는 장소에 가면 내가 건네준 종이를 받아든 사람들은 한결같이 글씨를 보고는 내 얼굴을 한번 다시 쳐다본다. 그러한 일은 나에겐 익숙한 일이다. 그도 그럴 것이 분명 나름 깔끔한 젊은 여자였는데, 노인이 쓴 글씨체를 주니 놀랄 만도 했을 것이다. 왜 그리도 글씨가 쓰기 싫었던지 모르겠다. 악필이어서 싫었던 건지 안 쓰다 보니 악필인 건지는 나도 잘 모르겠다. 닭이 먼저인지 달걀이 먼저인지와 같다. 누가 좀 알려주면 좋겠다.

  그렇다 보니 난 수업시간에 필기 말곤 볼펜을 사용해본 적이 없다. 그땐 보통 공부할 때 칸이 없는 스프링 노트에 손으로 막 낙서를 하면서 암기를 하였는데, 난 한 번도 그 연습용 노트를 사본 적이 없다. 내겐 무용지물이었던 도구였기에. 그냥 손은 호주머니에 넣고 눈으로만 읽으면서 공부를 한다. 심한 건 수학도 눈으로 푼다. 참고서와 책을 함께 펴놓고 내가 푸는 방정식을 먼저 생각하고 참고서를 보고 그 방정식이 맞으면 그냥 넘어간다. 어차피 계산은 곱하기 나누기 더하기 빼기의 기본 연산이었으니 가는 과정만 맞으면 나에겐 'ok'였다. 그리고 방정식이 참고서와 내 생각이 다를 땐 손을 꺼내 문제를 풀어본다. 일 년에 볼펜 한 자루면 일 년을 버틴다. 그러다 보니 학용품을 산 기억은 별로 없다. 노트는 운동회 때 달리기를 잘 하였기에 그때 받은 노트면 일 년은 거뜬하게 버텼거든.

언니처럼 조금이지만 글을 쓰는 기술을 배워본 적도 그 비슷한 데를 얼씬거린 적도 없다. 학창시절 문과 과목은 모두 싫어한 이과형의 전형이었고, 운동을 좋아했고, 감수성이라곤 없었기에 그 흔한 연애편지도 써본 기억이 없었던 나다.

그런 내가 글을 쓴다. 아마 예전에 나를 조금 안다는 친구들은 아무도 믿지 않을 것이다. 그런데 글쓰기가 재밌다. 아침마다 눈이 절로 번쩍 뜨인다. 연애 때 말고는 처음이다. 너무 재밌다. 글을 쓰고 싶어서 잠을 설친다. 자다가도 일어나 캄캄한 거실에서 노트북을 켜고 글을 쓴다.

오래전부터 꿈이 특강 강사였다. 큰애가 중학교 들어갔을 때 큰맘 먹고 더 늦기 전에 도전해야겠다 싶어 박사는 해야 어디 가서 명함은 내밀지 않을까 하고는 늦은 나이에 대학원을 들어갔다. 그리고 박사학위를 받았다. 박사만 하면 다 될 줄 알았더니 또다시 책을 내야 인지도를 올릴 수 있다 한다. 산 넘어 산이다. 그래도 하고자 하였으니 해봐야지 싶어 글을 쓰기 시작했다. 의

외로 글이 술술 나왔고 블러그에 올려 지인들에게 보냈더니 모두가 재밌다고 한다.

지금까지 해본 일 중에 제일 재밌다. 제일 쉽다. 어슬렁거리며 노닐다가 생각나면 앉아서 쓰면 된다. 팔이 아프면 또 쉰다. 그러다 생각나면 또 쓰면 된다. 시간도 장소도 구애받지 않으니 자유로운 영혼인 나에게 너무 잘 맞다. 글을 쓰고나서는 나 혼자 감탄한다.

세상에! 세상에! 내가 생각해도 신기하다. 너무 재밌다. 읽어도 읽어도 너무 재밌다. 어디서 이런 생각이 나올까? 누가 나를 인터뷰하면 "글쓰기가 제일 쉬웠어요" 해야지, 이러면서 까불면 남편은 나더러 바보라고 한다. 바보는 자기가 바보인 줄 모른다면서.

나는 전생에 백설공주에 나오는 왕비였나 보다.

"거울아, 거울아! 세상에서 누구 글이 제일 재밌니?"

"세상에서 주인님의 글이 제일 재미있습니다."

그렇다. 나는 내 글이 제일 재밌다. 어디서 이런 생각이 나올까? 읽어도 읽어도 재밌다.

나는 글을 쓰는 것도 요리와 같다는 생각을 해본다. 아무런 재주가 없어도 흥미가 없어도 배가 고프면 요리하게 된다. 그러면서 맛을 찾아가게 된다. 엄마가 해줬던 맛있었던 음식, 식당에서

먹었던 맛있었던 음식들의 맛을 기억하며 찾아가게 된다. 그 맛을 찾으면서 점점 요리하는 실력이 좋아지게 되고 요리가 재밌어지게 된다.

 글 쓰는 작업도 그러한 것 같다. 아무리 책을 싫어하는 사람도 기억 속에는 책을 읽었던 글이 저장되어있다. 처음엔 어찌 쓰는지도 모르지만 읽은 책을 기억하며 쓰게 되면 점점 더 글이 술술 나오기 시작하고 재밌어지기 시작한다.

 '나에게 있어서 글쓰기는 요리다.' 육 남매의 막내로 자랐고 결혼하고도 직장 일로 바빠 살림을 살지 않았던 내가 몇 년 전부터 직접 요리를 한다. 학원도 다녀보지 않고 어디서 배워보지도 않고 그냥 내키는 대로 먹었던 기억을 생각하며 요리를 한다. 그리고 가끔은 기가 막히는 음식을 하여 남편을 놀래키기도 한다.

 그렇게 나는 어디서 배우지도 않은 나만의 요리와 나만의 글을 정성 가득 담아 차려본다.

 오늘도….

일개 개미의 걱정

 주식 창을 보며 한숨을 쉬고 있는데 블라디보스톡을 다녀왔다며 교수님께서 전화를 주셨다. 우리랑 바로 인근인데 문화가 너무 다르다며 신기하다고 하시길래 종교가 문화에 가장 큰 영향을 미치는데 러시아는 유럽국가이기에 기독교 문화고 우리는 불교 문화라서 그렇지 않겠냐고 내 생각을 말씀드렸다.

 거리에 '국제결혼 주선합니다'라고 적혀있는 플렛카드를 종종 보게 된다. 처음엔 조선족 신부가 많았다. 그러다 언젠가부터 베트남 신부, 우즈베키스탄 신부, 캄보디아 신부로 바뀌었다. 지금은 웨딩숍을 그만뒀기에 경험은 없지만, TV를 보면 아프리카에서 많이 시집온다고 한다. 자꾸만 후진국으로 옮겨간다.
 통계에서 우리나라 국제결혼 비중에서 일본인이 가장 많다고 한 기억이 난다. 의아해할 것이다. 예전 우리나라가 가난할 때 하와이나 다른 선진국으로 시집가서 남아있는 가족들을 먹여 살린 것처럼 우리보다 후진국에서 시집오는 건데, 왜 그렇지?

답은 통일교다. 통일교의 창시자 '문선명' 씨가 한국인이고 통일교 특성이 교주가 주선하는 사람과 결혼해야 하는데 한국 다음으로 일본에 통일교 신도가 많다.

웨딩업을 하면서 국제결혼식을 치른 경험이 많다. 한번은 지인의 소개로 일본 신부와 결혼하는 신랑을 만났다. 그는 부모님이 독실한 통일교 신도여서 일본에 사는 처녀와 결혼했다. 신랑과 신부 모두 유순한 인상에 예의도 발랐다. 일본에서는 늘 욕탕을 사용하는 문화가 있다며 결혼 전에 신부를 위하여 집에다 욕탕을 만들었다고 신랑 어머니는 자랑하셨다.

그렇게 기분 좋게 예식을 잘 마쳤다. 한참 뒤에 그 지인에게서 들은 얘기는 신부가 언어가 통하지 않는 곳에서 혼자 외로움을 견디지 못하고 일본으로 돌아갔다는 것이다. 종교의 힘도 혼자 타향에서 버티게 하지는 못했다.

유창한 대화는 없었지만, 눈짓으로는 많은 대화를 나눴기에, 선량한 눈빛이 떠올랐다. 얼마나 힘들었으면 그렇게 돌아갔을까 하며 한동안 마음이 아팠다.

나에게는 7촌 조카가 되는데, 조선족 신부를 데리고 왔다. 그 조카는 환경미화원으로 근무하고 있었기에 월급이 꼬박꼬박 안정적으로 들어왔고 성격도 상냥하고 성실했다. 조카댁도 참으로 참한 신부였다. 발음이나 억양은 좀 이상하였으나 언어도 잘 통하고 성격도 잘 맞아 보였다.

그 조카는 우리에게
"고모, 섹시 예쁘제?"라며 싱글벙글했다.

그 뒤로 아이가 셋이 태어났고 그때마다 가족사진을 찍으러 왔다. 조카댁은 아는 사람이 없기에 우리를 참 반가워했다. 한번은 중국 특유의 향이 진한 채소를 넣어 중국 만두라며 고모들 생각나서 많이 만들었으니 오라고 했다. 조카댁은 우리나라에 오니 너무 좋다며 특히 스타킹이 너무 좋다며 신기하다고 했고, 중국에 있는 친구들이 부러워한다며 자랑했다. 이를 지켜보는 조카는 내내 싱글벙글 좋아했다. 참 행복해 보였다.

한참 뒤에 엄마에게 들었는데 둘째 아이가 감기로 고열을 앓았고 제때 병원을 가지 않아 청각을 잃었다고 했다. 어린 나이에 청각을 잃으면 듣지 못하기에 말을 배울 수 없다. 따라서 말도 못하게 됐다. 아이를 낳아 키워보았기에 듣고는 눈물이 핑 돌았다. 세상에 자식 귀하지 않은 부모가 어디 있을까? 가족이나 친구라도 가까이 있으면 덜 힘들 텐데.

　문화갈등보다 더 심한 것이 종교갈등이다. 이런 종교갈등보다 더 심한 것이 이데올로기 갈등이다. 요즘 뉴스에서 연일 '북중러' '한미일' 이라는 단어가 자주 등장한다.

　남편이 친구들과 동창 모임을 한다고 서울에 갔다. 청와대 구경도 할 겸, 서울 살아서 모임에 참석이 힘든 친구도 생각해줄 겸 계모임을 서울에서 하였다. 청와대를 구경하고 나서 친구사무실도 구경하고 차도 한잔할 겸 광화문에 있는 친구사무실로 갔다. 대구보다 복잡한 서울이라지만 교통이 너무 막혔다. 알아보니 한쪽은 보수 한쪽은 진보에서 대규모 집회를 열어 한꺼번에 너무 많은 인파가 몰려 평소보다 더 막힌다고 했다.

　부모 자식 사이도 좁혀질 수 없는 것이 정치갈등이다. 이러한 정치적 격차를 더욱 넓고 공고하게 부추기는 원인 중 일등 공신이 유튜브이다. 지금은 유튜브가 최고의 인기다. 젊은 친구들이 얼마 전만 하여도 건물주가 최고 인기 있는 꿈이었는데 지금은 유튜버가 1위다. 얼마 전 나도 유튜버가 되었다. 나 역시도 뚜렷한 정치적 이념을 가지고 있다. 이런 문화갈등과 정치적 갈등을 어찌 해결해야 하는지?

그런데, 문화가 다르고, 종교가 다르고, 이데올로기가 달라도 부부가 잘 사는데 성격이 다르면 살기 힘들다. 이혼하는 사유가 모두 '성격 탓'이라 하니 말이다. 이런 성격 갈등을 어찌 해결해야 하는지?

오늘도 일개의 개미가 주식 창을 보면서 나라 걱정한다.

'휴. 우짤라고….'

물방울이 바위를 어찌 뚫을까?
천천히 아주 천천히 그냥 떨어졌을 뿐인데 바위가 구멍이 뚫리네…….
우리도 '내가 이런 성격을 고쳐야지' 하는 마음을 가지면서 노
력하면 천천히 아주 천천히 언젠가는 변한다.
그 변화는 '아! 저거 뭐지?' 하는
'알아차림'에서 시작한다는 것이다.

4

연꽃과 선인장

 연꽃과 선인장은 서로 살아가는 환경이 다르다.
 연꽃과 선인장은 굉장히 친한 사이다. 둘은 같이 있으면 모든 것이 재미있고 즐겁다. 선인장은 연꽃이 하는 얘기를 듣고 있으면 시간이 어찌 지나가는지 모를 만큼 연꽃의 얘기가 재밌다. 연꽃 또한 선인장이 자기의 얘기를 잘 들어주어 고맙고 선인장의 얘기를 듣는 것도 너무 재밌다. 다른 이들과 함께 있으면 조금만 있어도 지루한데 말이다. 그러다 보니 둘은 모든 것을 얘기하며 많은 시간을 함께했다.
 그러다 어느 날 연꽃은 선인장이 물을 마시지 않는 것을 알게 됐다. 그때부터 연꽃의 관심은 선인장이 왜 물을 마시지 않지? 하는 것이었다.
 연꽃은 선인장에게 물었다.

"너! 왜 물을 안 마시니?"

선인장은 대답했다.

"응, 난 물 싫어해. 그리고 물 안 마셔도 건강해."

다시 연꽃은 선인장에게 얘기했다.

"친구야, 어떻게 좋아하는 것만 먹겠니? 먹기 싫어도 먹어야 하는 게 있단다."

연꽃은

'진짜 친한 사이라면 힘들어도 상대가 잘되도록 도와주어야 하는 것 아니겠는가?' 하는 생각을 가지게 되었고 생각은 확신으로 바뀌었다.

그때부터 연꽃은 선인장에게 물을 강요하기 시작했다.

"친구야! 물 먹어야 해. 물 먹어. 빨리 먹어야 한다니까"

선인장이 그래도 물을 마시지 않자 불안해지기 시작했고 연꽃의 생각은 오로지 선인장에게 물을 먹여야 선인장이 살 수 있다는 생각만으로 가득해졌다. 그래도 선인장이 물을 마시지 않자 연꽃은 이 같은 생각을 가졌다.

"친구를 위해서는 내가 힘들어도 어떻게든 물을 먹여야 해"

그러면서 선인장이 잠들었을 때 몰래 물을 주기 시작하였고 이러한 행동은 계속 이어졌으며, 결국 선인장은 물러져 죽게 되었다.

너무 슬픈 이야기다. 자식 가진 부모이기에 쓰는 지금 또다시 가슴이 먹먹하다.

연꽃은 선인장을 너무 사랑했다. 사랑하는 만큼 더욱 선인장이 잘 되길 바랬다. 그리고 본인을 희생해서라도 본인이 힘들더라도 선인장의 잘못된 행동을 고쳐주고 싶었다.

만약 선인장을 사랑하지 않았다면 그냥 옆집의 대충 그렇고 그렇게 아는 사이였다면, 그렇게 마음 졸이며 걱정하였을까?

선인장이 물을 마시지 않아서 마음이 힘들지도 않았을 테지?

그리 힘들어 가면서 선인장에게 물을 가져다 붓지도 않았겠지?

멀리 있는 이야기가 아니다.

'우리 집 이야기'다.

남편이 중학교 1학년 때 아버지가 돌아가셨다. 한창 정신적으로 성장할 때 아버지의 그늘에 있지 못했기에 아이들에게 아버지의 그늘이 있음을 알려주려고 무던히도 노력했다. 잘못된 것인지도 모르고 사랑이라 확신하고 최선을 다해.

그 연꽃처럼.

그런 남편의 최선이 난 참 좋았다. 내가 무심한 성격이라 아이들을 살뜰하게 챙겨주지 못하는데 남편은 늘 직장 일로 바쁘고, 타고난 성격상 살갑지 않은 나의 단점을 보완해주기엔 부족함이 없었기에 참 좋았다. 지금 와서 가만히 생각해보면 연꽃이 선인장에게 물을 주던 것처럼 그 넘치는 관심과 사랑이 아들에겐 독이고 상처였다.

　아들은 고등학교를 졸업하고부터 스스로 살아갈 수 있다고 판단하였다. 그리고, 경제도 마음도 우리들에게서 독립하였다. 전에 물을 줘서 괴로웠던 기억이 너무 컸기에.

　때론 무관심이 사랑일 수 있음을 우리는 잘 모른다.
　선인장에겐 차라리 연꽃이 무관심했더라면 더욱 잘 자랐을 것이다.
　사람의 성향에 따라 선인장 같은 유형의 사람이 있다. 그게 나고 우리 아들 현이다. 이들에겐 무관심이 더 큰 성장을 불러온다. 이들에겐 가분한 관심보다는 가끔, 아주 가끔 물 한 모금 만 주면 된다. 내가 이렇게 성장할 수 있었던 것이 어찌 보면 자식들에게 무관심한 아부지와 바빠서, 너무 바빠서 우리에게 관심 가져 줄 여유조차 없었던 엄마의 역할이 아니었나 생각해본다.

　요즘 교육환경이 너무 잘 되어있다. 인터넷의 발달로 조금만 궁금하면 네이버나 유튜브에서 쉽게 정보를 찾을 수 있다. 하지만 너무 많은 지식체널, 자기계발서, 자녀교육법, 인간관계론, 성공비법 등은 선인장에게 주는 연꽃의 물이 아닐까 싶어 두려울 때가 종종 있다.

연꽃에겐 물을 주는 것이 너무 고마운 일이지만, 선인장 같은 친구들이 있음을 잊지 말아야 할 것이다.

'명심하자 때론 누군가에겐 무관심이 성장의 발판일 수 있음을'

판도라의 상자

프로메데우스가 인간에게 불을 훔쳐다 주자 인간은 전과는 다른 문명의 길을 걷게 되었다. 화가 난 제우스는 프로메데우스에겐 대장장이 신 헤파이스토스가 만든 쇠사슬로 카우카소스 바위산에 묶인 채로 독수리에게 간을 쪼아 먹히는 끔찍한 형벌을 내렸고 인간에게는 판도라를 선물하였다.

제우스는 대장장이 헤파이스토스에게 여신과 닮은 여자를 만들게 하여 여기에 미의 여신 아프로디테는 아름다움과 치명적인 매력을 더해 주고 헤르메스는 기만과 속임수, 아첨, 꾀와 같은 교활한 심성을 심어주어 '모든 선물을 받은 여자' 라는 뜻의 이름 판도라를 만들어 에피메테우스에게 보냈다.

에피메테우스는 거부할 수 없는 판도라의 매력에 빠졌고 제우스가 보낸 선물은 어떤 것도 받지 말라는 프로메테우스의 당부도 잊은 채 그녀를 아내로 맞았다. 에피메테우스는 판도라에게 절대 이 상자는 열어서는 안 된다며 상자 하나를 알려 줬고 기만과 속임수, 아첨, 꾀와 같은 교활한 심성을 헤르메스에게 받은 판도라는 도저히 궁금함을 참을 수 없어 절대 열지 말라는 상자를 열고 말았다. 판도라는 놀라 급히 뚜껑을 닫았지만, 그 안에 들어 있던 온갖 질병, 고통, 불행 등 나쁜 것들은 쏟아져 나왔으나 희망만이 상자 안에 남겨지게 되었다. 제우스가 에피메테우스에게 판도라를 선물하였지만, 말이 선물이지 판도라는 재앙이었던 것이다.

이렇게 판도라와 상자를 하나로 묶어 호기심으로 인해 생긴 잘못된 일이나 해서는 안 될 일을 우리는 '판도라의 상자'라고 부른다.

심리검사 중에서 지능검사가 '판도라의 상자'가 아닐까? 생각해본다. 중학교 2학년때와 고등학교 2학년 때 학교에서 IQ검사를 한 것을 기억한다. 학교에서는 공공연한 기밀이었는데 우리는 어떻게 알게 되었는지 본인의 IQ를 알게 되었고 그로 인해서 상처를 받는 친구들을 많이 보았다. 지능은 성적과 비례하는 것이 아니건만, 성적 좋은 친구들이 더 많은 상처를 받았고 성적이 나쁜 친구들은 또 그 나름의 상처를 받았다.

"나는 돌고래보다 지능이 낮네. 이를 우짜노?"

"우리 부모는 뭘 먹고 나를 낳았기에 이리 돌이고, 이래가 우째 살아가노?"

IQ를 앎으로써 독이 되었다. 물론 그중에 득이 된 친구들도 있었다. 공부를 못하는 것이 머리가 나쁜 게 아니라고 생각하고 열심히 해서 성적이 오른 친구도 있었으니.

지능검사는 어린아이 같은 경우 산만하거나 또래 아이들과 잘 어울리지 못하는 것을 살펴보기 위해서 꼭 필요한 심리검사 테스트다. 아이의 전체 지능지수는 물론이고 좌뇌형인지 우뇌형인지, 학습능력과 지금의 지식수준은 어떤지, 아이의 강점과 약점은 무엇인지, 주의력 결핍 및 과잉행동장애(ADHD), 학습장애, 정서장애, 자폐성 장애의 특성 유무 등을 알 수 있다.

내 아이의 강점과 약점을 안다면 왜 이러한 행동을 하였는지, 어떤 방향으로 교육을 하여야 하는지, 우리 아이가 장차 문과나 이과 중 어느 쪽으로 나아가야 하는지, 더 나아가 전공이나 직업은 어느 쪽으로 하여야 하는지를 알 수 있기에 좋은 검사이지만 양날의 검인 것이다.

대학교 친구랑 얘기 중에 신수 보는 얘기로 접어들었는데 한 번도 신수를 보지 않았다는 것이다. 나에겐 신년마다 제일 먼저 하는 당연한 행사가 신수 보는 것인지라, 궁금해서 왜냐고 물으니 본인도 궁금한데 혹시나 안 좋은 얘길 들을까 봐 겁이 나서 보지 않는 것이라 했다.

지능검사와 신수는 닮은 면이 있다.
미술 심리수업을 받으러 오는 아이 엄마들 중에 은근히 내 아이가 영재는 아닐까 하는 생각을 하는 엄마가 있다. 나 역시도 우리 아이가 영재라는 생각을 몇 번 했었다. 영재는 아주 극소수이지만, 아이를 키우면서 한 번씩은 내 아이가 영재는 아닐까 하는 생각을 해 보게 된다. 그러다 검사를 하였는데 생각하고 있던 원하는 지능지수가 안 나오면 '인디언 기우제'처럼 원하는 지수가 나올 때까지 하는 엄마들이 있다.

아니라는 것을 알면서도 하는 것이 참 많다.
내가 웨딩숍을 운영한다고 얘기하면 모두가 '늘 행복한 사람들을 보고 사니 참 좋겠어요?'라고 얘기한다. 화려하고 우아한 공간에서 행복한 신랑 신부를 대하는 직업이니 이런 생각이 들었을 것이다. 언뜻 보면 그렇겠지만, 평생에 가장 행복한 날이기를 바라는 그들의 눈높이에 상응하여야 하는 우리들의 고초를 모르고 하는 얘기다. 우리끼리는 늘 하는 얘기가 "장례식장이 훨 낫다, 죽은 자는 말이 없으니 얼마나 좋겠냐"는 것이다.

세상에서 가장 행복한 신랑 신부들이 간혹 신혼여행에서 가장 불행해지는 경우가 종종 있다.

한 번은 둘 다 선생님인 신랑 신부였다. 신혼여행 다녀온 얼마 뒤 두 사람에게 앨범이 나왔으니 찾아가라고 전화를 했다. 신부는 통화가 되지 않았고, 신랑과 통화가 되었는데, 앨범을 소각해 달라고 부탁하는 것이었다. 그쯤이면 우리는 알아듣기에 걱정하지 말라고 하며 전화를 끊었다.

결혼한다고 하면 주위에서 여러 가지 조언을 하는데 하나가 절대 과거의 연인들을 알려고 하지 말라는 것이다. 즉 '판도라의 상자'를 열지 말라는 얘기다.

가만 보면 우리 주위에 '판도라의 상자'는 많다. 주위에서
"누가 너 욕을 하더라" 하면
"뭐라던데?" 하며 우리는 묻게 된다.
듣는 순간 마음이 상해진다는 것을 알면서도 '판도라의 상자'를 열고 싶어진다. 어떨 땐
"이거 비밀인데 너한테만 얘기하는 거야. 절대 다른 데 가선 얘기하면 안 돼"

이 역시 '판도라의 상자'임을 알면서도 열려는 것이다.

참 신기하지. 다른 무서운 벌도 많은데 제우스는 '판도라'를 선물할 생각을 우째 하였을까? 이리도 우아한 벌을.

제우스는 인간이 궁금한 것을 참지 못하는 성격이라는 걸 알고 있었던 것이었다. 제우스는 신중의 신이 맞는 것 같다.

그렇다면 나는 어떤 판도라의 상자를 가지고 있는가?

그리고 다른 사람들은?

마음이란 놈

 마음을 알고자 할 때 제일 중요하게 생각해 널리 쓰이고 있는 검사가 MMPI 심리검사이다. 정신과 병원이나 상담센터에서 빠지지 않는 검사로 신체적 불편감, 기분 저하감, 심리적 불편감을 부인하면서 억압, 분노감, 대인관계에서의 민감성과 피해의식, 불안감, 독특한 사고, 에너지의 수준, 에너지 강도 등과 같은 마음을 진단한다.

 장님과 앉은뱅이가 한마을에 살았다. 어쩌다 둘은 알게 되었고 앉은뱅이에겐 장님의 다리가 필요했고 장님에겐 앉은뱅이의 눈이 필요하였다. 서로의 생각이 같았기에 함께 하기로 했다.
 앉은뱅이는 너무나 행복했다. 멀게만 느껴졌던 거리를 금방 갈 수 있었기에, 동네를 한 바퀴 도는 게 너무도 행복하여 사는 게 룰루랄라 즐거웠다. 장님 역시도 몇 미터도 가기 어려웠는데 스스럼없이 성큼성큼 걸어갈 수 있다는 게 신기할 따름이었다. 둘은 그렇게 한동안 행복하였지만, 그 행복이 그리 오래가지는 못했다.

하루는 앉은뱅이가 이런 생각을 하였다.

"가만 생각하니 내가 손해인 것 같아. 내 눈이 저 친구의 다리보다 더 큰 일을 한다고 생각해. 내 눈이 없으면 동네를 구경하려면 어디로 가야 하는지도 모를걸."

장님도 같은 생각을 하였다.

"가만 생각하니 내가 더 손해인 것 같아. 내 다리가 저 친구의 눈보다 더 중요한 일을 하는 것 같아. 내 다리가 없으면 어떻게 저렇게 마을을 한 바퀴 휙 빠르게 돌 수 있겠어."

이렇게 하루하루가 기다려지던 두 사람은 만나면 늘 불평불만인 사이가 되었다.

마음이란 놈은 참으로 얄팍하고 교활하다.

MMPI에서 1번이 건강염려증인데 이 병은 늘 몸이 아프다. 이 병원 저 병원 다니며 MRI, X-Ray 촬영, CT 촬영을 해봐도 병명을 찾을 수 없다. 그런데 분명 아프다. 이쪽저쪽 아픈 데가 많다. 배탈도 나고, 머리도 깨질 것 같고, 손도 저리고 절대 거짓으로 아픈 것이 아니다.

원인은 마음에 있다. 히스테리가 심하거나 우울증이 심하게 되면 마음이 몸으로 옮겨가 통증을 유발한다. 마음이 아프니 MRI나 X-Ray 검사로 알 방법이 없다. 많은 어려움 끝에 정신과에 가면 원인을 찾게 된다.

나는 전에 어지러워 힘들었던 적이 있었다. 너무 어지러워 '뇌에 이상이 있구나!' 생각해서 뇌 검사를 받아봤지만, 별 이상이 없었다. 그러다 귀에 이상이 있어도 어지러울 수 있다며 내과에 가보라 했고, 검사를 받아보니 귓속 모래주머니에서 모래가 빠져 어지러운 것이었다.

엄한데 가서 원인을 찾으려니 그리 어렵다.

몸의 병은 갑작스런 사고를 제외하고는 서서히 찾아오지만, 마음은 일순간이다. 사랑하는 애인이 다른 여자와 팔짱 끼고 가는 것을 보는 순간 마음은 바뀌어 미워진다. 그러다 팔짱 낀 여자가 여동생인 줄 알면 또 바로 환해진다. 나에게 참 잘해주던 사람도 뭐 하나가 내 마음을 상하게 하면 만나기 싫어지게 되어 곧바로 멀어지게 된다. 마음이란 놈은 참으로 변덕스럽다.

이런 마음의 병을 치료하는 '인지치료'는 상담과 관련한 모든 현장에서 사용하는 기본 치료법이다. '컵에 물이 반밖에 없어' 하는 인지를 '컵에 물이 반이나 남았네'로 바꿈으로써 불안한 마음이 치료되고 우울증, 건강염려증, 강박증, 편집증, 히스테리

중과 같은 병을 낫게 하는 것이다. 그리고 바뀌게 된 인지를 보여주는 것은 밝고 명랑한 행동이다.

 마음에서 시작해서 인지로 이어지고 다시 행동으로 이어진다. 반대로 생각하면 행동에서 이상함을 인지하여 마음을 살펴보게 되는 것이다.

 우리의 성격 에너지의 흐름은 이러한 우리의 몸의 구조에서 나타난 것이다. 감정형, 사고형, 행동형은 따로 움직이는 것이 아니라 상호작용하는 것으로 성격과 심리는 맞물려 있다.

 돌아 돌아 성격으로 왔다.
 감정에 충실한 감정형의 사람들이 마음의 병에 걸리기가 제일 쉽다. 하지만 마음의 병을 고쳐주는 사람들도 감정형이다. 감정이 무뎌 타인의 감정을 잘 이해할 수 없는 사고형이나, 성급하여 타인의 힘든 마음을 차분히 지켜볼 수 없는 행동형이 아니라 베풀고 봉사하고 타인을 이해하는 마음이 큰 감정형이 이들의 마음의 상처를 낫게 해 준다.

 감정형은 대나무 같다. 다른 나무들보다 단단하지는 않지만, 절대 바람에 부러지지 않고, 죽죽 뻗은 자태가 예쁜 것이. 감정은 따뜻하다, 사랑스럽다, 예쁘다. 마음 다친 어줍잖은 행동형과 마음 다친 싸가지 없는 사고형을 치료해주는 것이 감정형의 마음이다.

세상은 마음의 상처가 가장 큰 감정형이 이끌어 가는 것이 된다. 아이러니하게도.

'여자는 약하지만, 어머니는 강하다' 이것이 감정형이다.

마음이란 놈 참 강하다.

타인의 시선에 관심이 많은 이들

 같은 것을 바라봐도 모두가 다르게 느끼는 것처럼 다른 사람에게 두는 관심도 모두가 다르다. 유독 남의 눈치를 보는 사람들이 있는데 감정형의 사람들이 그렇다. 감정형의 사람들은 남에게 비치는 본인의 모습을 중요하게 생각한다. 행동형이나 사고형과는 달리 유독 다른 사람의 생각에 관심을 가진다.

 웨딩숍을 운영하다 보면 별의별 사람들을 많이 보지만 유독 기억에 남는 신부가 있다. 참으로 외모가 수려한 신랑 신부를 만났다. 끼리끼리라더니 신랑은 키도 크고 얼굴도 잘생기고 특히 신부를 참 예뻐했다. 신부는 눈이 '아! 이런 눈을 보고 왕방울이라 하는구나'를 깨닫게 하는 크고 맑은 눈, 뽀얀 피부, 호리호리한 몸매를 가졌다.

그런데 드레스를 고르고 촬영을 하면서 '아! 신은 공평하구나' 를 느꼈다. 신부의 모든 초점은 '다른 사람들은 어떻게 생각할까? 에 있었다. 그 정도의 출중한 외모면 자신만의 개성을 마음껏 뽐내도 될 텐데 신기할 따름이었다.

드레스를 고를 때의 일이다.
"신부님은 몸매가 예뻐서 머메이드라인이 잘 어울릴 거예요"
라고 하면 이렇게 답을 한다.
"다른 사람들이 너무 몸매 자랑한다고 하지 않을까요?"
"그럼 벨라인으로 입어 보실래요?" 하면, 또 이렇게 얘기한다.
"공주병이라고 남들이 뭐라 하지 않을까요?"
그럼 다시 이렇게 질문한다.
"그럼 깔끔하고 심플한 디자인으로 드려볼게요" 하니 신부는
"너무 무난하다고 하지 않을까요?"
젠장! 뭘 입겠다는 건지, 말겠다는 건지. 화가 많은 행동형인 나는 속에서 '욱' 하고 올라온다. 겨우겨우 드레스를 골랐다. '참을 인(忍)' 자를 계속 불러가면서.
그렇게 수려한 외모를 가졌지만, 본인의 시선이 아니라 다른 사람의 시선에 초점을 두기에 드레스 선택이 그리도 어렵다. 본인은 한사람이기에 본인 한 사람의 기준만 만족하면 되지만, 타인의 시선에 중점을 두면 그 많은 타인의 기준을 어찌 맞추

겠는가?.

 남편이 하루는 짝퉁백을 가지고 왔다. 생전 나에게 뭘 사다 주는 사람이 아닌데 뭔 일인가 싶어 물어보니 남편의 답변은 중국에 공장이 있어 자주 중국을 들르는 친구가 있는데 중국에 짝퉁 명품가방이 잘 나온다고 하니 마누라들 하나씩 사주자는 의견을 듣고는 바로 실행으로 옮겼다는 것이다. 이렇게 해서 그 모임의 아내들은 모두 명품백 하나를 가지게 되었다.
 짝퉁이지만 겉모양은 천상 명품이었다. 아주 만족하며 잘 들고 다녔다. 나는 비가 오면 혹 가방이 비에 젖을까 해서 안고 비를 맞았다. 어떤 이가 명품인지 아닌지를 알려면 비 올 때 머리에 얹고 가는지 가슴에 안고 가는지를 보면 안다고 하였는데, 나는 달랐다. 유럽 여행 가서 큰맘 먹고 사온 샤넬백은 비 올 때 머리에 얹고 간다. 큼직하니 비를 가리기 좋다. 하지만, 그 짝퉁백은 가슴에 안고 뛴다. 진품은 단단하게 잘 만들어졌기에 비를 맞아도 끄떡없지만, 짝퉁이나 인터넷에 저렴한 물건들은 살 땐 참 예쁘지만, 관리를 허술하게 하면 금방 망가진다는 것을 알고 있기에 귀하고 귀하게 다룬다.
 그 다음 모임에서 모두의 화제 주인공은 짝퉁백 이었다. 그런데 한 친구의 아내가 이렇게 얘기한다.
 "디자인은 예쁜데요. 메고 엘리베이터를 탔는데 자꾸 내 가방을 보면 짝퉁을 메고 다닌다고 속으로 욕하는 것 같아서 도저히 못 메고 다니겠더라구요. 그래서 버렸어요."

나는 속으로 'G랄도 풍년일세! 버릴 것이면 우리 집 마당에다 버릴 것이지'

이렇게 유독 타인의 시선에 관심을 두고 사는 사람들이 있다. 집은 전세를 살아도 차는 고급 외제 차를 타는 사람도 같은 경우다. 물론 모두는 아니다. 본인이 생활하는 환경에 있어서 주된 공간이 자동차고 집은 잠만 자는 공간이라 많은 시간을 보내는 자동차에 비중을 두는 사람도 있다. 그러나 다른 사람들에게 잘 보이려고 외제 차를 내 형편에 버거운데도 구매하였다면 그렇다. 평소 차뿐만 아니라 명품백이나 메이커 물건 등을 타인의 시선을 의식해서 구매한다면 감정형일 확률이 높다. 본능적으로 사고형은 효율을 따지고 행동형은 지 맛에 살기에 그렇게 타인의 시선에 관심을 가지지 않는다.

그렇다고 감정형 모두가 이렇다는 것은 아니다. 자존감이 낮은 감정형의 경우 이렇게 된다. 자존감이란 타인의 기준이 아니라 본인의 기준에 본인이 얼마나 잘났다고 생각하는가의 주관적 자기평가이다. 남들이 봤을 때 참으로 잘나 보이지만 본인 스스로가 본인한테 점수를 박하게 주는 사람도 있고, 남들이 봤을 때 별로 잘나지 않았는데도 높은 점수를 부여하는 사람들도 있다.

재소자를 대상으로 자존감에 관한 연구를 했다. 보통의 사람들은 '재소자의 자존감이 낮을 것이다' 라고 생각할 수 있겠지만, 보통의 사람들보다 높은 사람들이 많다. 언뜻 생각해도 딱 떠오르는 생각이 있을 것이다. 조폭들을 주제로 한 영화에 나오는 건달들이 얼마나 당당하고 자신만만한가?

의외로 대학생들의 자존감을 살펴본 연구를 보면 자존감이 보통 수치보다 낮게 나온다. 아직 본인의 미래가 확실치 않으니 본인에 대해 우려가 있을 것이기에 당연한 결과다. 졸업해서 '뭘 할까?' 하는 두려움이 아직 시간적 여유가 있는 중고생보다 더 클 것이다.

그런데 이 재소자 중에서도 가장 자존감이 낮은 유형이 감정형의 재소자들이다. 재소자뿐만 아니라 일반인들을 대상으로 한 연구에서도 보면 감정형의 자존감이 가장 낮다.

그도 그럴 것이 남의 시선에 별 관심이 없는 사고형이나 행동형보다 타인의 시선을 많이 의식하니 얼마나 힘들겠는가? 그렇다고 본인이 감정형 같다는 생각이 들더라도 걱정은 하지 마라. 성격유형은 어느 성격유형이 좋고 어느 성격유형이 나쁘고 하는 게 없다. 모든 유형은 장점과 단점 모두를 가지고 있다. 단지 다를 뿐이다.

　감정형의 장점은 딱 볼 때 '예쁜 사람, 멋진 사람'이다. 더 알고 싶다면 '마더 테레사', '간디'를 생각하면 된다. 그 아름답고 편안한 미소가 감정형이다. 우리나라엔 배우 '김혜자' 씨, '안성기' 씨가 대표적 감정형이다. 모두 웃는 모습이 닮았다. 너무 아름답다.

　그러고 보니 웃는 모습에도 성격이 나타난다.

　행동형은 웃는 모습이 시원시원하다.

　사고형은 웃는 모습이 크지 않다. 차분하다.

　주위에 웃는 모습이 아름다운 이가 누가 있을까?

모든 출발은 '알아차린다' 는 것

 같이 일하던 직원한테서 걱정이 가득한 목소리로 전화가 걸려왔다. 아이가 초등학교 입학한 지 두 달도 되지 않았는데, 담임 선생님이 아이가 많이 산만하니 아이의 상태를 체크 해 달라며 설문지를 보내왔고, 나름 조금 낮춰서 체크 했는데도 관심군으로 나왔다는 것이다. 관심군으로 뽑힌 아이들을 대상으로 다시 설문지를 보낸다며 보내왔는데, 이걸 정확하게 체크 해야 할지, 그냥 정상으로 체크 해야 할지를 모르겠다며 걱정이 이만저만 아니었다.
 한참을 통화한 후 끊고 나니 한 시간이 훌쩍 지났다. 아마 ADHD를 알아보는 설문지가 아닐까하는 생각이 들었다. 그 아이는 미술 심리수업을 나와 같이 한 적이 있기에 성향이 어떤가는 잘 아는 바였다.

"일단 마음 가라앉히고 천천히 얘기해보자. 진수가 산만하다는 것은 너도 알고 있지?"라고 물으니

"네"라고 대답한다.

"ADHD가 병이 아니라는 것도 알고, 쉽게 호전되는 것이 아니라는 것도 알지?"

"네"라고 한다.

반은 성공한 것이다. 모든 상담에서 원인을 안다는 것은 벌써 반은 해결하였다는 것이 된다. 배가 아파서 온 사람이 본인이 배가 아픈 걸 모른다면 어찌 치료할 수 있겠는가?

이해했다고 해서 행동으로 이어지기는 쉽지 않다. 그렇지만, 모든 출발은 '알아차린다'는 것에서 시작한다. 알아차리지 않고는 절대 시작도 없는 것이다.

어릴 적 TV가 없었을 때 마을에 영화 상영을 업으로 하는 이들이 왔었는데 왜 그리 모든 영화가 귀신영화였는지 모르겠다. 밤에 하얀 소복 입은 귀신이 나타나거나, 무덤 속에서 손이 나오거나 하면 '어머나! 꺄아악!' 하고 소리 지르면서도 모두 또 보러 가곤 했다. 우리 집도 마찬가지였다.

MBTI 성격유형에서 처음 살펴보는 것이 에너지 방향이 어디로 향하는가에 따라 내향형인지 외향형인지를 살펴보는 것이고, 두 번째가 감각형인지 직관형인지를 살펴보는 것이다. 감각

형은 직접 보고 경험한 것 등을 바탕으로 현실적인 것을 받아들이지만, 직관형은 오감이 아니라 육감으로 받아들이기에 자신의 감을 느낀다. 이 두 유형은 상황과 사물을 인식하는 방식 자체가 다르다. 똑같이 무서운 영화를 보았더라도 감각형은 직접 귀신을 보지 않았기에 덜 무서워하지만, 직관형은 상상의 세계를 의식하기에 그렇게 귀신이 무섭게 느껴진다.

직관형인 나는 귀신을 무서워해도 너무 무서워했다. 집에 혼자 있지를 못했다. 귀신이 창문에서 나를 쳐다보고 있는 것 같은 느낌이 들어서. 밤에는 가족들과 함께 있어도 화장실을 가는 것이 편하진 않았다. 강해 보이는 내가 이렇다 하면 믿지를 않는다. 내 친구는 이런 나를 알기에 "귀신 있으면 나는 한번 보고 싶다." 하며 나를 놀린다. 부럽기 그지없다.

신은 참으로 공평하다. 감각형인 이 친구는 고소공포증이 엄청 심하다. 난 고소공포증은 없는데… 휴.

그런 내가 심리상담을 공부하면서 바뀌게 되었다. 귀신이란 내 생각에 있을 뿐이지 존재하지 않는다는 것을 인지하게 되었고 조금씩 나아지기 시작했다. 지금은 그리 쉽지는 않지만 혼자서 잠도 자고 가족들이 늦게 들어와도 혼자서 저녁 먹고, 씻고, 책을 본다. 예전이었더라면 언니네 집에 가 있었을 것이다. 변한 건 하나도 없는데 단지 생각하나 바꿔먹었을 뿐이다. '귀신은 나의 생각일 뿐이기에 절대 나타나지 못한다'고.

'알아차림'으로써 내 행동이 바뀐다는 걸 절실하게 체험했다.

사극 드라마에서 글공부하는 선비가 '하늘천 땅지 검을현 누를황' 양반다리를 하고서는 몸을 흔들흔들하며 글공부를 한다. 아부지는 어릴 적 당신께서 들로 산으로 일하러 다니실 때 서당에서 글공부하는 친구들이 몹시 부러우셨을 것이다. 내가 공부하면서 몸을 흔들흔들하면 그걸 참 예뻐하셨다. 나는 이상하게도 글씨를 쓰면서 공부하지 않고 암기도, 수학 문제 푸는 것도 모두 눈으로 했다. 그러다보니 추위를 많이 타는 내 손은 늘 호주머니에 들어가 있고, 나는 앉은뱅이책상에 앉아 줄 칸을 따라 리듬을 타며 그 옛날 선비처럼 흔들흔들하며 공부를 했다. 아마 그 때문이지 않을까? 나의 건들건들 거리는 습관이.

40년을 살면서도 '내가 건들건들 거리는구나'를 모르고 살았다. 시간이 흐르면서 기술이 변하니 가전에서도 변화가 따랐다. 아날로그에서 디지털로 바뀌다 보니 혼수로 준비해 갔던 비디오 플레이어가 이젠 필요가 없어졌다. 스튜디오를 운영하던 내겐 비디오 테잎이 많았는데, 거금을 들여 모두 USB로 바꿨다. 어느 날 남편은 회식이 있다며 늦었고 아이들도 일찍 잠들어 시간이 여유로웠기에 결혼식 촬영 USB가 눈에 들어왔다. 갑자기 그때가 그립고 궁금해져서 꺼내 보다가 깜짝 놀랐다. 사회자가 "신부입장" 하자 아부지 손잡고 들어가는 내 모습을 보는 순간.

'저거저거 내 맞나? 뭔 여자가 저렇게 건들거려, 그것도 신부입장 하면서' 예전 비디오를 보았을땐 전혀 몰랐었다. 그땐 늘 일상이었기에 특별히 이상하지가 않았을 것이다.

살면서 두 사람에게서 "무슨 여자가 그리 건들거려?" 하는 얘길 들었다. 처음 들었을 땐 그냥 지나쳤지만, 같은 얘길 두 번 들었을 땐 '내가 건들거리나?' 하는 의문을 가지게 되었고, 그 덕분에 나를 알게 되었다. 처음 들었을 땐 기분 상했지만, 차분히 나를 살펴보니 '아뿔사! 건들거리는구나!' 를 알게 되었다. 그러고부터는 계속 나를 관찰하며 습관을 고치려고 노력했다.

'허리 펴기, 어깨 펴기' 를 실천했다. 엘리베이터에서 거울 보다가도 '아! 참 펴기해야지!' 하며 허리를 폈고, 양치하다가도 '아! 참 펴기해야지!' 하며 엉덩이를 뒤로 밀고 허리를 폈다 허리를 펴고 어깨를 펴면 건들 건들이 잘 안된다. 자세가 발라지면서 몸매도 예뻐진다.

그러고는 "왜 그리 건들거리냐?" 는 얘기를 들어보진 못했다.

몸이라는 게, 습관이라는 게 하루아침에 고쳐지진 않는다. 오랜 시간 지나면서 서서히 변한다.

수목원에 가면 나뭇가지를 원하는 형태로 잡기 위해 수형 작

업을 해놓은 나무가 많다. 그 나무를 관리하는 사람이

'음! 이 나무는 너무 밋밋해!' 라는 알아차림이 있었기에,

'어떤 모양으로 만들까?' 하는 생각을 하게 되었고

'그렇지! 오른쪽 가지를 좀 옆으로 벌여야지. 좋아 굿!'

이렇게 아주 느리게 느리게 나무는 정원사가 원하는 수형으로 자라게 된다.

물방울이 바위를 어찌 뚫을까? 천천히 아주 천천히 그냥 떨어졌을 뿐인데 바위가 구멍이 뚫리네…….

우리도 '내가 이런 성격을 고쳐야지' 하는 마음을 가지면서 노력하면 천천히 아주 천천히 언젠가는 변한다. 그 변화는 '아! 저거 뭐지?' 하는 '알아차림'에서 시작한다는 것이다.

그럼 나는 뭘 또 고쳐볼까?

성격 공부를 하면서 나름 내린 결론은 건강한 성격이
안정적인 정서라는 것이다.
나무가 뿌리를 깊고 건강하게 내려야 비와 바람과 가뭄처럼
험난한 환경에서 견딜 수 있듯이 사람은 건강한 성격이 형성될 때
살아가면서 부딪히는 험난한 환경에서 꿋꿋하게 버틸 수 있다.
건강한 성격이란 사고, 행동, 감정의 에너지가 어느 하나에
치우치지 않고 바퀴처럼 어울려서 잘 굴러갈 수 있는 것을 말한다.

5

몸과 무의식

　수평선과 지평선 저 너머에는 무의식이라는 다른 세상이 존재한다. 바다에 떠 있는 거대한 빙산의 수면 아래 가려져 있는 부분이라 눈으로 보이지는 않지만, 수면 아래는 거대한 세상이 존재하며, 알게 모르게 우리의 모든 의식뿐만 아니라 몸과 마음과 영혼을 지배하고 있다.
　프로이드가 무의식을 얘기하기 전엔 우리는 의식으로 느끼는 것만을 논의해왔을 뿐 우리가 의식하지 못하는 세상은 언급도 생각도 않았다. 무의식의 발견은 빠른 심리학의 발전을 가져왔다.

　큰애가 유치원을 마쳐갈 때쯤, 남편은 수성구로 이사 가는 것이 어떻냐고 물었다. 늘 남편 의견에 별 이견이 없었던 나는 남편 뜻대로 황금동으로 이사를 왔다. 우리 부부 둘 다 시골 출신이기에 아파트를 둘러 산 동산이 참으로 좋았다. 너무 높지도 않은 나지막한 뒷동산은 매일 산책코스로는 최적이었다.

아카시아꽃이 한창인 어느 무렵, 같은 시간에 늘 다니던 코스로 산책을 하였는데, 왜 그리 숨이 찬지 남편과 자꾸만 거리가 벌어졌다. 누가 그랬다. 모든 집에 막둥이들은 허약하다고. 나는 일곱 번의 출산에서 마지막 순번이었으니 엄마의 끄트머리 남은 에너지를 끌어모았지만, 한계가 있었던지 늘 피곤하다는 소릴 달고 살았다. 그날도 그러려니 하며 산책을 하다가 번뜩 드는 생각이 있었다. 그러고 보니 매년 나뭇잎이 무성하기 전인 이맘때쯤 내가 더 피곤했었구나….

나는 태어날 때부터 약골로 태어났다. 그리고 돌 전에 목에 염증이 심해서 늘 몸이 좋지 않은 상태였다고 엄마가 말씀하셨다. 그때만 해도 의술이 발달하지 않았던 시절이었고, 시골은 더더욱 의료기술 혜택이 어려워 세 번의 수술을 받았지만, 크게 개선되지 않았다. 목에 염증이 흘러내려 늘 목에 붕대를 감고 지냈다고 했다. 지금도 그 상처는 그대로 남아있다. 그러던 중 옆집에 오셨던 손님이 담 넘어 나를 보시고는 "저 아이 왜 저렇냐?"고 물으셨고 옆집 아저씨는 나의 증세를 얘기하셨다. 얘기를 들은 손님은 뱀 알을 오줌에 보름 정도 절였다가 바짝 말려서 가루를 내어 대롱으로 목에다 불어넣으면 낫는다고 하셨다. 신기하게도 그 민간요법은 통했고 나는 건강해졌다. 그러니까 살 운명이었던 거지.

 심리를 공부하면서 어릴 적 기억하지 못하는 트라우마가 혹시 나에겐 그 어릴 적 늘 아팠던 그 어린아이가 아닐까 하는 생각을 하게 됐다. 혹시나 해서 큰언니한테 물어보았다. 큰언니는 나와는 15살 차이가 난다. 늘 농사일로 엄마는 바쁘셨기에 우리 둘은 할머니와 큰언니가 돌봐주셨다.
 "언니야! 내 어릴 적 아팠다 했잖아? 혹시 그때가 지금쯤 아니가?" 하고 물었더니 언니는
 "글쎄다. 하도 오래전 일이라, 가만 보자 음…, 그러고 보니 이맘때쯤이 맞네. 뱀 알 구한다고 들로 산으로 우리 친구들이 막 다녔는데 5월이었기에 마침 뱀 산란기라 바로 구했거든. 근데 그건 왜?"
 내 몸이 기억하고 있었구나. 돌 전에 있었던 일이라 의식은 기억 못 하지만, 수면 아래의 거대한 무의식은 기억하고 있었구나. 그래서 봄만 되면 내 안에 숨어있던 그 돌도 지나지 않은 나약했던 아이가 "나 그때 너무 힘들었단다" 하며 말을 걸어왔구나!

인간은 눈으로는 매초 10,000,000개, 귀로는 100,000개, 피부로는 1,000,000개의 정보가 감각기관을 통해서 뇌로 흘러 들어간다. 그러나 의식으로 처리할 수 있는 정보는 매초 최대 40개에 그친다. 이것은 뇌가 받아들일 수 있는 정보의 28만분의 1에 불과하다. 즉, 우리의 깨어있는 삶에서 행하는 행위들은 무의식이 지배한다는 이야기다. 사람의 판단과 감정 행동을 지배하는 무의식은 우리가 의식하지 못했던 10,999,960개의 정보까지도 활용한다. 자극을 받고 반응하는 잠깐 사이 무의식에서 건져 올린 본능적 뇌의 결정들이 사람의 판단과 감정 행동들을 지배하는 것이다.

의식하지 못하는 능력이 있다는 건 내 경험으로도 알 수 있다. 큰아이를 가져 입덧할 때의 일이다. 평소에 못 느끼던 미원의 맛을 용하게도 잘 알아냈다. 사람이 이렇게 변화가 올 수 있을까 싶었다. 음식을 먹으면서 미원이 극소량만 들어갔어도 몸에서 받아주질 못했다. 진짜 신기할 따름이었다. 언니들이 내가 미원을 못 먹는다는 것을 알지만, 그래도 다른 사람들도 함께 먹어야 하기에 평소보다 극소량의 미원을 넣으면 바로 내가 알아차렸다. 미원을 넣지 않은 음식은 모두 맛있었는데. '식당에서는 미원을 사용하지 않으면 안 되는구나'를 그때 알았다. 그 어떤 식당의 음식도 먹을 수가 없었으니. 그리고 입덧이 끝나고는 원래대로의 미각으로 돌아왔다. 그 특출나던 나의 미각은 어디로 가고, 모든 커피 맛의 차이를 못 느끼는 둔한 미각으로 돌아왔다.

언니는 후각이 그러하였다. 화장실 냄새를 맡질 못했다. 언니가 냄새난다고 형부더러 문 열렸으니 닫으라고 하면 용하게도 살짝 열려있다는 것이다. 형부는

"야! 진짜 대단하다. 그걸 어떻게 아노?" 하며 신기해했다.

그리고 언니는 입덧을 마치고는 원래대로의 후각으로 돌아왔다. 무디고 무딘 후각으로. 내가 한 번씩 언니한테

"야, 이거 뭔 냄새고? 문 좀 열어라" 하면

"뭔 냄새 나는데? 난 아무 냄새 안 나는데?" 하며 전혀 모른다.

그렇다. 우리들의 그 특출한 감각은 아기를 보호하기 위해 신이 무의식에 있던 것을 잠깐 동안 빌려준 것이었다. 아주 잠깐.

아인슈타인의 지능은 일반인들보다 엄청 높다. 그렇다면 무의식도 유난히 뛰어난 사람이 분명 있지 않을까? 무속신앙을 이러한 논리로 바라본다면 설명이 된다. 우리가 어떤 사람과 처음 만났을 때 1초에 40개 정도의 정보를 받아들이지만, 무의식이 엄청나게 뛰어난 사람이라면 우리가 알아채지 못한 부분, 그러니까 28만분의 1이 아닌 더 많은 정보를 인식할 수 있지 않을까?

이처럼 현대과학에서 설명하지 못하는 것을 무의식으로 보면, 설명이 가능하다. 무속뿐만 아니라 사후 세계를 보았다는 사람

도, 미래를 예언하는 예언자들도, 멀리 떨어진 사랑하는 이들과의 텔레파시도 그리고 몸의 기억법도.

20살 때 나는 TV를 만드는 대기업 현장에서 일한 적이 있었다. 내가 근무하는 곳은 7명이 한 테이블에 둘러앉아 브라운관의 핵심부품인 마운트를 단계별로 조립하는 공정이었다. 내가 두 번째 순서를 맡았는데, 먼저 앞사람이 부속품을 넣은 마운트를 불에 달구어 형태를 찍어 내게 주면 난 그 속에 고정된 작은 8개의 핀을 차례로 뽑은 뒤 다시 2개의 고리를 끼워 옆 사람에게 전달하는 작업이었다. 단시간에 12번의 손놀림이 순서대로 움직이기에 그리 만만한 작업은 아니었다. 지금도 꿈을 꾸면 그때 그 작업장에서 마운트 작업을 한다. 35년 전의 일이라 의식적으로 무엇을 어떻게 "뺐는지 말을 하라면 버벅거리지만 눈감고 손으로 그때의 작업 자세를 취하면 바로 손이 순서대로 움직인다 신기하다. 의식은 기억 못 하지만 몸이 기억한다.

무의식의 가장 대표적인 것이 꿈이다. 제레미 테일러의 『사람이 날아다니고 물이 거꾸로 흐르는 꿈』에서는 꿈을 신이 인간에게 주는 선물이라 하였다. '신이 우리에게 매일 러브레터를 보내는데 우리는 뜯어보지도 않고 버린다'며 무의식의 소중함을 모른다고 우회적으로 비난하였다.

그런데 나의 경험으로 볼 때 뜯어보지는 않았지만 버리지 않고 차곡차곡 그 많은 편지를 거대한 무의식의 창고에 저장해두는 것 같다. 그리고 언젠간 필요할 때 그것을 뜯어 보게 된다.

그 무의식의 창고 중 하나가 '몸'이다.

도미노 현상

 미국의 어느 주에서 요 몇 년 동안 다른 주보다 범죄율이 낮게 나타난 원인을 추적해보니, 그것은 20년 전 그 주에서는 다른 주와 다르게 낙태를 허용하였다는 것이다. 낙태가 불법인 주에서는 어쩌다 원하지 않는 임신을 하게 되었을 때, 어쩔 수 없이 아이를 낳게 되었고, 그러다 보니 사랑과 관심을 주지 않게 되었고, 그러한 환경에서 자란 아이는 부정적 정서를 가지게 되었고, 이러한 영향으로 비행과 범죄로 이어진 도미노 현상의 결과였다는 것이다.

 심리 바우처 정책의 취지가 이를 기반으로 한다. 바우처라 하면 보통 가난한 사람들을 대상으로 이루어지는 복지정책이라고 생각하는데 가난한 사람들을 우선으로 하지만, 그 대상이 가난한 사람이 아니라 정서적으로 어려운 사람들이다. 호미로 막을 것을 가래로 막지 않고 먼저 호미로 막아보고자 만들어진 정책이다. 정부에서는 정서적으로 어려운 사람들에게 정서적 안정을 도모해 어른이 되었을 때 범죄나 비행으로 빠지지 않도록 조기에 적은 비용을 들여 지원한다. 그러니까 정서적 안정에 주 초점을 둔 것이다.

한 외딴 섬에 양 한 마리가 살고 있었다. 그 섬엔 맛있는 풀도 많았고, 맑은 우물도 있었고, 풍경도 좋아서 참 행복한 나날을 보내며 살고 있었다. 그러던 중 우연히 양은 파도를 유심히 지켜보게 되었다.
'혹시 내가 잠든 사이 저 파도가 나를 덮치면 어쩌지?'
양은 불안해서 산 중턱에 있는 동굴로 올라가 살게 되었다. 그런데도 양은 불안했다.
'혹시 저 파도가 동굴까지 덮치면 어쩌지?'
양은 더 깊은 동굴로 들어갔고 그럴수록 불안은 더욱 늘어만 갔고 양은 더욱 깊이깊이 숨게 되었다.
그리곤 어느 날부터 아무도 그 양을 보지 못했다.

모든 동물이 정서를 느끼지만, 정서를 조절하는 것은 인간만이 가능하다. 정서란 특정한 대상이 있고 지속시간이 짧은 기분과 구별될 수 있는 개념으로 개인이 사회·생리·인지적 상황에서 외부의 자극이나 내부의 자극을 받을 경우, 의식 또는 무의식적으로 다양한 희로애락을 느끼는 것이 심리적 변화나 육체적으로 표출되어 드러나는 것이다. 심리학적인 용어로 주로 사용되며, 여러 가지 복잡하고 다양한 현상으로 표출된 행동, 신경화학적 활동, 주관적 경험 등을 포함하고 있다.

정서는 긍정적 정서와 부정적 정서로 구별되며, 긍정적 정서에는 행복과 만족, 즐거움, 기쁨 같은 정서가 포함되며, 부정적 정서에는 우울, 불안, 죄책감, 두려움, 분노, 슬픔과 같은 정서가 포함된다.

마음의 병은 이러한 부정적 정서와 가장 큰 관련이 있다. 정서적으로 안정된 엄마는 ADHD를 지닌 자녀에게 본인의 감정을 잘 다스려 조근조근 잘 얘기하니 아이가 산만하지만, 마음은 덜 다치게 된다. 정서적으로 어려운 엄마는 ADHD인 자녀에게 본인의 감정을 억제하지 못하고 '욱' 하고 소리친다. 이러한 엄마의 정서는 아이의 마음에 상처를 주고 작은 눈송이가 조금씩 조금씩 쌓여가듯, 아이의 마음에 쌓여간다. 그 작은 눈송이 하나가 쌓여 굵은 나뭇가지가 부러지듯 아이의 마음은 결국, 비행이나 우울로 이어지게 된다.

센터에는 아이와 엄마가 함께 오기에 아이와 엄마의 성향을 모두 볼 수 있다. 상담이 아니라 미술수업에 가깝다 보니 엄마들도 편하게 행동한다.

몇 명의 아이와 그 아이 엄마들의 얘기를 해볼까 한다.

경훈이는 내가 볼 때 천재인 것 같다. 5살인데도 웬만한 한자는 다 외운다. 학습력이 엄청 뛰어난 아이다. 하지만 그림 실력은 꽝이다. 과장 조금 보태면 돌배기도 그보다는 나을 성싶다. 한자나 글자와 단어 등은 그리 잘 알면서 동그라미를 그리라면 힘들어 한다. 세모와 네모는 더더욱 어렵다. 사람을 그리라면 쫄라맨을 그린다. 나름은 열심히 그렸지만 내가 볼 땐 쫄라맨이다. 경훈이의 지능이 궁금해서 카우프만 지능검사를 해보니 학습력이 IQ 142로 나왔다. 그런데 정서 쪽인 순차처리나 동시처리는 IQ 89 정도로 경계선 지능을 살짝 벗어난다. 뇌의 불균형이 너무 심하다. 새가 양쪽 날개로 날아야 먼 거리를 날아갈 수 있는데, 이리 양 날개가 차이가 나니 어찌 멀리 날수가 있을까?.

경훈이네 엄마는 경훈이가 어릴 적 이혼을 하고 우울증을 앓았다 한다. 한 번 잠들면 경훈이 혼자 알아서 놀아야 했다. 기본학습 두뇌는 천재로 타고 났지만 어릴 적 정서적 돌봄을 받지 못했다. 경훈이를 대할 때 그 엄마는 늘 상 짜증을 낸다. 살갑게 대하는 것을 그다지 본적이 없다. 말도 참으로 짧다.

"이거 하랬잖아!"

"집에 가자"

"안돼"

얼굴도 늘 어둡다. 마음이 짠하다. 이런 천재적인 두뇌를 조금만 보듬어 주면 엄청날텐데…

경훈이를 사랑하는 마음은 큰데 살갑지가 못하다.

지민이는 참 예쁘게 생겼다. 갸름한 얼굴에 호리호리한 몸을 가졌다. 그리고 참 똑똑하다. 그림 실력도 대단하다. 그런데 말이 없다. 눈으로만 얘길 한다. 선택적 함구증인 것 같다. 이 증상은 불안장애의 일종으로 자기가 편하게 느끼는 사람과는 대화를 하지만, 그렇지 않은 사람과는 대화를 하지 않는다.

"어머니! 꽃을 그렸는데 너무 색상이 다채롭고 좋아요!" 하면

"뭐, 다 그렇게 그리는 거 아니예요?" 한다.

어떤 날은

"어머니! 지민이가 청설모 털을 참 잘 표현했죠?" 하면

"옆에 친구가 더 잘 그렸는데요"라고 한다.

지민이를 사랑하는 마음은 큰데 칭찬이 참으로 박하다.

센터에는 동명인 도훈이가 있다. 큰 도훈이 얘길 먼저 하겠다. 어느 날 도훈이 엄마가 인터넷을 보고 센터에 찾아왔다. 아이

가 지능발달이 느리고 ADHD 성향도 높다며 걱정을 많이 했다. 그런가 보다 하고 수업을 해봤지만, 전혀 느끼지 못했다.

"어머니, 제가 볼 땐 도훈이가 지능이 낮은 게 아닌 것 같은데요. 높으면 높았지. 그리고 ADHD 성향도 많지는 않은 것 같아요" 하니 엄마가

"아니예요. 4살 때까지 눈을 못 맞췄어요. 지금은 많이 좋아진 거예요. 매년 지능검사를 해보는데 늘 낮게 나왔어요. 올해 해보니 많이 올랐더라구요"

도훈이 엄마는 도훈이랑 이야기를 참 재밌게 잘한다. 한 번도 도훈이에게 소리 지르는 걸 보지 못했다. 수업을 하지 않으려 할 때도 윽박지르지 않고 조근조근 잘 설명을 한다. 그러면 도훈이는 엄마의 뜻에 따라 수업을 한다.

도훈이를 많이 사랑하고 또 그 마음을 그대로 표현한다.

작은 도훈이는 엄청남 웅변쟁이다. 잠시도 입이 가만있질 못한다. 입으로 그림을 그렸으면 몇 트럭은 그리지 않았을까? 그림 그리는 것을 너무 재미없어한다. 그런데도 엄마는 어떻게 꼬셨는지 늘 잘 데리고 온다. 도훈이도 불만 없이 잘 온다. 그렇게 재미없어 하면서도.

도훈이 엄마는 그 말 많은 도훈이의 말을 다 들어주고 대답을 꼬박꼬박 해 준다. 옆에서 지켜보는 내가 짜증 날만큼.

도훈이를 참 많이 사랑하면서 관심 있게 들어주고 답변한다.

센터를 하면서 '아이는 엄마에 따라 변하는구나'를 배웠다.
운전을 할 수 있는 자격증을 따야 운전을 할 수 있듯이, 자식을 키울 수 있는 자녀자격증을 따야 자식을 키울 수 있게 하자던 주장이 생각난다. 안 그래도 자식을 낳지 않아 문제인데 자격증까지 따라면 더 낳지 않겠구나!…. 씁쓸하다.

딸아이도 나와 같이 심리상담을 전공하고 지금은 정부에서 운영하는 청소년 센터에 근무하고 있다. 거기엔 학교적응이 힘든 아이 중에서 병원 입원 정도는 아니지만, 일반 상담센터를 다니기에는 힘든 청소년들이 4개월 동안 합숙하면서 정서적 안정을 키워가는 기관이다. 학교폭력을 일삼거나 자살을 기도하거나 등등 일반 상담실에 오는 아이들과는 강도가 다르다. 딸은 두 명의 여자아이를 돌보며 한 방에서 24시간을 함께 지내는데, 두 아이 모두 자해로 온몸이 상처투성이라 놀랐다고 한다. '이 청소년들이 여기까지 오는 데는 정서적 안정이 힘든 부모님이 계셨는 건 아닐까?' 생각해본다. '정서적으로 어려운 아이들은 많지만, 위에서 말했듯 부모가 정서적으로 안정되었다면 저리 심해지진 않았을 것인데'라며 생각해본다.

성격 공부를 하면서 나름 내린 결론은 건강한 성격이 안정적인 정서라는 것이다.

나무가 뿌리를 깊고 건강하게 내려야 비와 바람과 가뭄처럼 험난한 환경에서 견딜 수 있듯이 사람도 건강한 성격이 형성될 때 살아가면서 부딪히는 험난한 환경에서 꿋꿋하게 버틸 수 있다.

건강한 성격이란 사고, 행동, 감정의 에너지가 어느 하나에 치우치지 않고 바퀴처럼 어울려서 잘 굴러갈 수 있는 것을 말한다.

남편 친구의 얘기다.

얼마 전 남편 친구에게서 술 한잔하자며 남편에게 전화가 왔다. 목소리가 좋지 않아 무슨 일인가 하고 갔더니 이마에 붕대를 감고 있었다. 무슨 영문이냐고 물으니 살고 싶지 않다며 상황을 얘기했다.

이 친구는 사업을 하느라 늘 바빴고 바쁜 만큼 출장도 잦았다. 그러다 보니 집에 가서는 늘 피곤하다는 핑계로 가정엔 관심을 두지 않았고 아내가 모든 집안 문제를 맡아 책임졌다. 이 부부에게는 아들이 한 명 있었다. 형편이 좋았기에 아내는 외로운 마음을 여러 취미활동으로 대신하였고, 아들은 늘 혼자 있는 시간이 많았다. 아들은 자라면서 가끔 친구들을 폭행하였는데 그때마다 엄마는 피해자와 합의를 하여 큰 문제로 번지지는 않았다. 그런 일이 반복되다 보니 아들의 주먹질은 심해만 갔고 결국 우리나라 학교에서는 받아주는 곳이 없어서 미국으로 건너가게 되었다. 거기서도 생활은 같았고 다시 한국으로 돌아오게 되었다.

이러한 걸 뒤늦게 알게 된 남편이 화가 나서 아들 멱살을 잡았는데 아들은 화를 참지 못해 아버지를 폭행하게 되었고 병원에서 12바늘을 꿰매고는 남편에게 하소연하러 온 것이었다.

이 아들의 난폭한 성격은 남편 친구 부부가 만든 것이 아닐까?

아이들은 무른 찰흙과 같아서 이 시기를 모르고 놓치면 찰흙이 굳어 버리듯 성격 역시도 한쪽으로 기울어져 굳어 버리게 된다. 이러한 아이의 건강한 성격 형성에는 부모의 안정적인 정서 즉 건강한 성격이 있어야 한다. 결국은 돌아 돌아 또 성격에 왔다. 부모는 그릇이고 아이는 무른 찰흙이다. 이 찰흙의 형태는 부모의 안정적인 정서로 균형 있게 만들어지게 된다.

부모의 성격이 좋아야 한다. 그러니까 성격이 아니라 인격이 높아야 한다는 것이다.

부모가 먼저 변할 때 자녀도 따라서 변하게 된다. 내가 변하지 않으면 그 업은 자식에게로 또 그 자식에게로 계속 대를 이어 가지 않을까?

부모가 먼저 안정적인 정서를 가질 때 자녀의 정서가 안정되고 그렇게 되면서 자녀는 건강한 성격을 갖게 되고, 좋은 인간관계를 갖게 되고 그럼으로써 행복하게 될 것이다. 그러면서 가정도 화목하게 되고 결국은 부모도 행복하게 된다.
 도미노 현상처럼.

자존심과 자존감

요즘 자존감이 인기 있는 주제다. 심리연구를 찾다 보면 자존감에 대한 논문들이 많다. 연구자뿐만 아니라 유튜브에서도 자존감에 관한 영상이 참으로 많다.

가만 보면 자존감을 자존심과 착각하는 사람들이 간혹 있다. 자아존중감의 간단한 표현인 자존감(self-esteem)은 자신의 능력과 가치에 대하여 주관적으로 느끼는 전반적인 평가와 태도를 일컫는다.

미술 심리수업 때 있었던 이야기다. 호영이와 태우가 친하다 보니 엄마들도 자연스럽게 친했다. 수업을 마치면 늘 호영이 아빠 차를 함께 타고 가다가 태우와 태우 엄마는 지하철 근처에서 내려 지하철로 갈아탔다. 어느 날 같이 타고 가지 않길래 궁금해서 물어보니 차에서 호영이는 음악을 끄라고 하고, 태우는 음악을 틀라고 하여 다툼이 있었다고 했다. 가위바위보에서 이기는 아이의 뜻대로 하기로 했는데 호영이가 졌고, 그때부터 호영이는 가위바위보를 하면 또 질까 봐 차 탈 때부터 음악을 틀자고 하였고, 엄마들은 못내 그 행동이 마음이 쓰였다고 했다.

태우 엄마는 호영이 아빠와 엄마한테 괜히 눈치가 보여 함께 타지 않는다고 살짝 얘기를 해줬고, 호영이 엄마도 우리 애가 승부욕이 강해서 지는 것을 싫어한다며 살짝 얘기해줬다. 나는 속으로 '승부욕이 있으면 더더욱 매번 가위바위보를 하자 해야지 옆 사람이 질릴 만큼' 하는 생각이 들었다.

그러고 나서 몇 주 지난 수업시간 때였다.

호영이가 수업하기를 싫어하길래.

"재미없어? 그럼 하지 말까?" 하니 "네" 하고 대답했다.

"수업하지 않으면 마칠 때까지 다른 아무것도 하면 안 되는데 그럴래?" 하니 "네" 하고 대답했다.

그러고는 둘 다 아무것도 하지 않기로 약속하였기에 가만히 앉아만 있었다. 한 참 앉아 있더니 다른 것을 만지려고 움직이기에 안 된다고 했다. 그럼 수업을 하자 하길래 마칠 때까지 아무것도 하지 않기로 하였기에 안 된다고 했다. 그렇게 서로 눈치를 보다가 수업을 마쳤다,

수업을 마치고 나서 엄마한테 오늘 이러한 일로 수업을 안 했다고 말씀드리니 깜짝 놀란다. 놀란 이유를 시간이 조금 지나고 알게 됐다. 아이의 잘못된 일을 아이 앞에서 얘기하면 아이의 자존감이 낮아지기에 아이 앞에서 안 해줬으면 좋겠다는 것이다. 아이를 나무라는 것도 아니고, 흉을 보는 것도 아니고, 사실 있었던 이야기를 그대로 전해주었는데 엄마의 생각은 나와 달랐다.

나는 '호영이 엄마가 자존심을 자존감이라 생각하는구나!' 싶어 자존감에 대해서 길게 블러그를 적어 그 주 스케줄표와 함께 모든 엄마에게 보내주었다.

자존감은

내가 나를 소중하다고 생각하는 것으로 존재 자체로 소중하고 우열을 가릴 수 없다. 자존감이 높다고 평가되는 사람은 자신의 모든 삶에 있어서 가치 있고 보람 있다고 생각하며, 원만한 사회생활을 영위해 나가는 데, 자존감이 낮은 사람은 자기 자신이 가치 없는 사람이라고 생각하여 스스로를 학대하고 열등감을 가지게 된다. 그러니까 자존감은 높을수록 좋다.

자존심은

타인에게 존중받기 위해 남에게 굽힘 없이 스스로 높은 품위를 지키려는 마음이다. 지나치게 자존심이 세면 자신의 자존심을 지키려다 아집을 내세울 수 있고 감정에 휩싸일 수도 있다. 그러니까 자존심이 지나치게 강하면 독이 된다.

  즉, 자존심은 다른 사람이 나를 잘났다고 할 땐 기분이 좋고, 못났다고 할 땐 기분이 나쁜 것이고, 자존감은 남이 나를 잘 났다고 하든 못났다고 하든 동요되지 않는 것이다.

  고등학교 체력장 검사 때의 일이다. 오래 매달리기 검사에서 두 명씩 철봉에 매달리면 선생님은 옆에서 초를 재기 시작했다. 여자아이들이 아령을 들어본 것도 아니고 팔굽혀보기를 해본 것도 아니다 보니 매달리자마자 가을바람에 낙엽 떨어지듯 툭툭 떨어졌다.

  내 차례가 왔다. 매달리면서 옆 친구 떨어지면 나도 떨어져야지 하고는 매달리는데 독종을 만났다. 하필이면 왜 그런 독한 애랑 같이 붙었는지. 그 친구도 나랑 같은 마음을 먹고 매달렸는지 둘 다 떨어지질 않았다. 구경하는 친구들은 재밌다고 박수치고, 선생님은 '뭐 이런 애들이 있나' 하시며 놀라 하시고, 매달린 우리 둘은 팔이 발발 떨리고, 625 난리는 난리도 아니었다. 그래도 한 번 먹은 마음이 있는데 싶어 팔로 버티던 것을 턱을 걸었다. 턱만 건다고 걸리는 것이 아니다. 목에 힘도 줘야 턱을 받칠 수 있다. 그렇게 팔힘과, 턱힘과, 목힘을 모두 모아 버텼고 만점 시간이 지나서야 선생님이 내려오라 하셨다. 내려오고 나니 입이 벌어지지 않았다. 이러다가 평생 말 못 하는 건 아닌가 싶어 어찌나 겁이 나던지. 꼴란 자존심 지키려다 큰일 날 뻔했다.

 이렇게 괜히 자존심 내세우면 독이 될 때가 많다. 드라마 '스카이 캐슬', '일타강사 스캔들' 등 많은 드라마에서 자존심 때문에 독이 된 것을 보여준다.

 아이의 성적이 엄마의 자존심이고, 남편의 지위나 경제력이 아내의 자존심이고, 좋은 차, 좋은 집 이런 것들이 자존심이 되니 독이 되는 것이다. 이처럼 자존심은 자존감과 달리 높고 낮음, 좋고 나쁜 것에서 좌우된다.

 자존심이 높은 사람은 본인이 남들보다 우위에 있을 때는 당당하지만 낮은 위치에 있을 땐 위축된다. 자존감이 낮은데 자존심이 높은 사람은 남을 끌어내려 내가 우월하다는 것을 확인하고, 자존감도 높고 자존심도 높은 사람은 남을 도와서 내가 우월하다는 것을 확인한다.

 자존심과 자존감을 호영이 엄마는 같다고 생각한 것이다. 차를 타면서 가위바위보 게임에서 진 것과 엄마 앞에서 아이의 실수를 얘기하면 아이가 속상한 것은 자존심과 관련이 있다. 엄마가 아이의 자존감을 위함이라면, 가위바위보 게임에서 또 질까 봐 회피하도록 두는 것이 아니라, 진 것을 인정할 수 있도록 도와야 한다. 그리고 잘못을 눈감아 주는 것이 아니라, 수업시간에 본인이 한 행동을 정확하게 알려주어야 한다.

  박사논문을 연구하면서 재소자를 대상으로 행복도와 자존감을 조사한 결과, 행복도는 행동형 재소자가, 자존감은 사고형 재소자가 가장 높았다. 감정형 재소자가 행복감과 자존감에서 가장 낮았다. 에너지의 원리를 생각하면 재소자뿐만 아니라 모두가 비슷하게 나올 것이다.

  자존감은 내가 내 스스로 잘났고 소중하다고 느끼는 감정이다. 그 기준이 타인의 칭찬에 쉽게 동요되지 않는 것이기에 다른 사람의 시선이 아니라 본인 스스로 사고하여 판단 내리려는 사고형이 제일 높을 수 있다. 행동형은 타인의 시선에 민감하지 않고, 깊게 사고하기보다는 먼저 본능에서 일어나는 대로 살아가기에 큰 걱정이 없으니 당연하게 행복감이 높을 수밖에 없다.

  우리 앞집에 다운증후군 남자아이가 살고 있는데, 늘 밝고 기분이 좋다. 그 아이는 나를 만나면 늘 "아주머니 안녕하세요?" 하며 싱글벙글이다. 그럴 때마다 매번 드는 생각이 '세상에서 제일 행복한 아이구나' 하는 것이다.

  '그 아이는 자존심이 높진 않지만, 자존감이 참 높은 아이다.'

꿈 이야기

 자주 꾸는 꿈이 있다. 사람들은 기다리고 있고 나는 촬영을 해야 하는데 여러 가지 이유로 촬영을 하지 못해 어쩔 줄을 모르며 발을 동동거리며 당황하다 벌떡 깨어나는 꿈이다. 웨딩숍을 하기 전에는 늘 시험 치는 꿈이었다. 시험지를 다 풀고는 답안지에 옮겨 적으려는데 시간이 다 됐으니 답안지를 거두라는 것이다. 나는 답을 적어야 하는데, 적어야 하는데 하며 마음은 급한데 답은 적지 못하고 힘들어하다가 벌떡 깨어난다.
 이런 꿈을 꾸고는 남편에게 얘기하면 남편도 불안한 꿈을 가끔 꾸는데 군대와 관련된 꿈이란다. 군대에서 물건을 잃어버려 당황하며 찾거나, 제대했는데도 서류에 기록이 없다며 다시 입대하여야 한다고 하면 남편은 다녀왔는데 무슨 소리냐며 못 간다고 발버둥 치며 허둥거리다 벌떡 깬다고.

이런 꿈을 꿀 때 가만히 생각해보면 나름 조금은 마음졸이는 일이 있었을 것이다.

꿈은 잠재의식과 무의식의 발현이다. 프로이드는 처음으로 꿈에 관하여 많은 관심을 가진 사람이었다. 정신은 의식의 직접적인 산물이라기보다 무의식의 텃밭이며 꿈은 무의식 세계로 가는 왕도라고 주장하였다.

프로이드 이전에는 심리학적 접근이 아니라 무속적인 측면에서 예언적인 꿈으로 많은 관심을 가졌었다. 이런 측면으로 꿈해몽에 관해서 한두 번 찾아보지 않는 사람이 있을까? 좋은 꿈을 꾸고 나면 왠지 기분이 좋다. 적극적인 사람은 복권을 사기도 한다. 악몽을 꾸고 나면 부적을 구하기도 하고.

이처럼 꿈은 누구나가 꾸기에 누구나 관심을 가진다. 지금뿐만 아니라 예전에도 꿈은 모두의 관심사였다. 꿈과 관련한 얘기는 동서양을 막론하고 많은 일화가 전해져 온다.

동양에서는 장자의 '호접몽'이 유명하다.

장자가 시원한 나무 그늘에서 낮잠을 자다가 하루는 꿈을 꾸었다, 꿈에서 장자는 나비가 되어 아름다운 꽃들 사이를 자유롭게 날아다니고 예쁜 나비들과 즐겁게 어울려 놀았다. 그러다 꿈에서 깨어보니 자신은 나비가 아니라 장자였다는 것이다. 장자가 생각하기를 '내가 꿈속에서 나비가 되었는지, 내가 본래 나비였는데 나비가 꿈속에서 장자였는지' 알 수가 없었다며 만물이 상호 연관되어 있고 상호 의존하는 세계라는 '물物화化'를 주장하였다.

서양에서 유명한 꿈 얘기는 성서에 나오는 살찐 소 일곱 마리와 마른 소 일곱 마리다. 하루는 이집트 왕이 꿈에서 마른 소 일곱 마리가 살찐 소 일곱 마리를 잡아먹고, 마른 이삭이 살찐 이삭 일곱을 잡아먹는 꿈을 꿨다. 요셉은 이 꿈을 칠 년 동안 풍년이 들지만 칠 년 동안 흉년이 들 것이라고 해몽하여 흉년을 대비할 수 있었다는 얘기다.

우리나라에도 김유신의 여동생 문희의 꿈 이야기가 유명하다. 김유신에게는 두 여동생 보희와 문희가 있었다. 어느 날 보희는 꿈에 토함산에서 서라벌이 다 잠기도록 오줌을 누는 꿈을 꾸었다. 그 꿈을 부끄럽게 생각하고 동생 문희한테 얘기하자, 문희는 비단 치마를 주고 보희에게 꿈을 샀고 훗날 국모가 되었다는 얘기다.

과학적으로 꿈을 분석하면 우리는 잠잘 때 램수면, 얕은 논램수면, 깊은 논램수면을 하루에 5~7번 반복하며 잠을 잔다. 램수면 때 꿈을 꾸게 된다. 램수면 동안 시아파라는 뇌파가 나오는데 이 뇌파를 신진대사와 관찰하면 깨어있을 때 경험하는 뇌의 반응과 같다. 이때 신경억제 물질이 나와 자율신경계를 분리시켜 꿈속 경험에 반응해 대뇌 피질에서 근육을 움직이려는 것을 막는다. 간혹 뇌 분비가 잘못 작동되어 꿈이 끝나고도 계속 분비될 때가 있는데 이것이 '가위눌림' 이다.

 심리학의 거장들은 저마다 꿈에 관한 생각을 얘기했다. 프로이드는 평소 좌절되었거나 억압된 성 에너지와 리비도적 욕구가 꿈으로 발현된다고 하였고, 융은 모든 꿈에는 꿈꾼 사람의 심리 영성적인 발달에 관한 개성화와 집단 무의식의 원형적 에너지가 담겨있다고 하였다. 아들러는 모든 꿈에는 사람이 지닌 권력과 경쟁에 대한 의지와 깨어있을 때 다양한 영역에서 목표를 달성하느냐 실패하느냐에 관한 요소가 담겨있다 하였다.
 프로이드는『꿈의 해석』에서 꿈은 무의식 상태의 정신을 거짓없이 자연 그대로의 진실을 보여준다고 하였다. 거의 모든 꿈이 상징적 표상으로 채워지는 까닭에 꿈을 해석하는 작업은 주로 잠재 사상의 내용이 어떤 방식에 의하여 상징적 표상으로 변화되어 있는지 파악하는 것이다.

 그러고 보니 어제의 꿈은 평소 때와는 조금 달랐다. 평소 촬영하는 꿈은 늘 필름이 없어서 당황하거나, 카메라가 고장 나서 당황하거나, 손이 움직이지 않아 필름을 끼워 넣지를 못해 발을 동동 구르다 깨는 꿈이었다.

어제 꿈은

'촬영을 갔는데 여전히 평소처럼 필름을 가져오지 않았다. 당황하고 있는데 옆에 보니 다른 촬영기사가 있길래 촬영을 부탁하고는 필름을 찾으러 갔다. 가던 중 프린트한 사진을 우리 스튜디오에 가져다주는 아저씨를 만나게 되었고 아저씨는 삼만 원에 필름을 가져가라 하셨고 나는 삼만 원을 건네고 필름을 가지고 와서는 다시 촬영하는 꿈'이었다.

꿈을 꾸고 나서 가만히 꿈의 내용을 생각해 보았다. 평소 촬영을 성공 못 해 놀라서 깨던 것과는 다르게 이번 꿈에서는 좀 잘못된 과정은 있었지만, 성공적으로 촬영을 한 것이다.

지금의 나는 아이들을 보살펴야 한다는, 경제에 보탬이 되어야 한다는, 학벌을 채워야 한다는 이러한 강박관념에서 많이 벗어나지는 않았을까? 이러한 마음이 무의식에서도 그대로 나타난 것이 아닐까?

꿈은 숨길 줄도 모르고, 거짓말도 못 하거든.

내가 심리를 공부하면서 가장 크게 변한 것이 귀신을 덜 두려워하게 되었다는 것이다.

미국의 정신과 의사이자 심리학자였던 엘버트 엘리스는 '합리정서행동치료'라는 인지치료요법을 개발했다. 줄여서 REBT

라고 부르기도 한다. REBT는 인지행동치료의 한 형태로써 이론과 행동을 병행하는 치료시스템으로 불안과 우울 치료에 효과적이다. 개인의 성격은 합리적 또는 비합리적 신념에 의해 좌우된다 이처럼 그 사람이 가지고 있는 신념을 통해 행동과 정서가 좌우된다. 따라서 비합리적인 사고를 찾아 합리적 사고로 바꾸게 될 때 가지고 있는 우울이나 불안이 해결된다는 것이다.

나의 비합리적 사고는 '귀신이 자꾸만 나를 지켜보고 있다' 는 것이다. 이러한 비합리적 사고로 인해서 나는 정서적으로 불안하여 밤이면 자유로운 생활을 하기가 어려웠다. 혼자 집에 있기도 힘들 정도였다. 이러한 비합리적 사고를 '귀신은 생각일 뿐 현실에선 없다' 라는 합리적 사고로 바꿔 생각함으로써 정서적으로 안정되게 되면서 불안이 줄어들게 되었다.

지금 나는 밤마다 옥상에서 혼자 운동도 하고 유튜브도 보며 나만의 공간을 마음껏 즐기고 있다. 예전 나였다면 밤에 옥상에 혼자 있는 것은 상상도 못 할 일이다. 귀신이 옥상 여기저기서 나를 쳐다보기에 단 몇 초도 견디기 힘들었거든.

이런 달라진 나의 정서가 무의식의 발현인 꿈에서도 확인된다.

꿈에서 귀신이 나오는 꿈을 꾸다가 새벽에 깨어나면 그날은 밤을 세워야 하는 날이다. 그런데 나 스스로 인지치료를 하고 나서 꾸게 된 꿈이다.

'내가 산길을 가고 있는데 저기서 하얀 머리를 푼 귀신이 나를 향해 공중부양하면서 날아오는 것이었다. 예전이라면 무서워서 소리치며 놀라 눈을 번쩍 떴을 텐데, 그날은 어디 자꾸 나타나냐 며 두 눈을 똑바로 뜨고는 오른손 주먹을 꽉 쥐고 날아오는 귀신의 얼굴을 주먹으로 강타했다.' 그리고는 나는 꿈에서 깼지만, 평소와는 달리 그닥 무섭지 않았고 그대로 다시 잠들 수 있었다.

대단한 꿈이었다. 내가 의식에서 귀신을 덜 무서워하게 되었던 것이 무의식에서도 그대로 반영된 것이다. '야! 인지치료가 이리도 대단하구나'를 절실히 깨달았다.

고혜경 박사는 벙커특강 '나의 꿈 사용법'에서 이런 얘기를 한다. 꿈에서는 시각과 청각은 잘 나타나지만, 후각은 잘 나타나지 않는다고. 그러고 보니 나도 꿈에서 시각 위주였지 후각을 경험한 기억은 잘 없는 것 같다. 그런데 만약 꿈에서 거름 썩는 냄새나 생선 썩는 냄새를 맡았다면 병원을 가보라고 한다. 이는 나의 무의식이 나에게 암이나 위험한 병이 있는데 내가 의식하지 못하고 있기에 알려주는 것이란다.

또 후각 뿐만아니라 시각으로도 무의식이 우리에게 알려준다. 집은 우리의 몸을 무의식으로 나타내는 것인데 꿈에서 내가 집을 보았는데 그 집이 허름하고 무너져 내리려는 것이라면 몸이 안좋은 것을 알려주는 무의식의 신호라는 것이다.

그럼 좋은 걸 알려주는 꿈은 무엇일까? 꿈에서 내가 혹은 다른 사람이 죽는 꿈은 우리 영혼이 한 단계 성장할 때 꾸게 되는 꿈이다. 이런 꿈을 우리가 꾸는 꿈 중에 최고 좋은 꿈이라고 한다.

이 글을 읽는 이들은 어떤 꿈을 자주 꾸고 있는가?

만약 힘든 꿈을 꾸고 있다면 무엇 때문에 내가 불안한가를 생각해보자. 그리고 그 불안한 마음을 긍정적인 사고로 바꾸어 보자. 스스로 인지치료를 시작해보는 것이다. 시간적, 비용적 면에서 매우 효율적인 방법이다.

효과는 분명 있을 것이다. 대단한 심리치료기법이라는 것을 믿어보면서. 선택은 본인이 하겠지만.

갈등 해결방법 '나 전달법'

　심리학의 거장 아들러는 '모든 것은 본인 스스로가 선택하도록 하라', '나의 과제는 내가 선택하고 상대방의 과제는 상대방이 선택하도록 하라'고 했다. 이러한 아들러의 주장은 상담현장에서 '나 전달법'이라는 상담기법으로 개발되었고, 상담현장에서 가장 널리 쓰이는 상담 도구다.

　상담현장뿐만 아니라 모든 인간관계에서 '나 전달법'은 유용하다. 이 작은 걸 실천하지 않아 인간관계가 힘들어진다. 특히 가까운 사람일수록 이 단순한 걸 실천하지 않아 사랑하는 마음만큼 아니 그 몇 배로 멀어지게 된다. 이 단순한 것 때문에.

　'나 전달법'이란
　상대에게 '하라'는 명령어 대신 '나는 ~생각한다'로 대신하는 것이다.

예를 들면 자녀들에게 부모님이

"공부해라" 대신 "나는 네가 공부했으면 좋겠다"로 말하는 것이다. 이렇게 말하면 꼭 질문하는 사람이 있다.

"보소 보소, 내가 내 새끼 사랑하는데 공부하라 카는게 당연한 거 아닌교?"

마음을 전달하는 건 당연하지만, 전달하는 방법이 잘못된 것이다. '나 전달법' 이니까 내 생각을 전달하는 것이다.

부부 사이를 예를 들어보자.

남편이 저녁에 국수가 먹고 싶어서 아내에게

"여보, 오늘 저녁에 국수 좀 해"

이런 대화는 가정에서 흔히 이루어지는 대화이다. 이걸 '나 전달법' 으로 바꿔서 말하면

"여보, 나 오늘 저녁에 국수 먹고 싶어" 이다.

친구 사이를 예를 들어보자.

친구가 어떤 다른 친구와의 관계에서 힘들어 하소연하면

"그런 친구랑은 헤어져"

이 역시 친구들 사이에서 충분히 자주 하는 얘기다. 그렇다면 이 말은 이렇게 바꾸어야 한다.

"나라면 그런 친구랑은 헤어지겠어"

가까운 사람이 아니면 누구보고 '하라'는 얘기는 잘 하지 않는다. 그렇기에 가까운 사람과의 관계가 더 힘든 것이다.

류시화 시인의 에세이 『좋은지 나쁜지 누가 아는가』에서 이런 얘기가 나온다.

참새가 나뭇가지에 앉아 있는데 눈이 내리기 시작하였다. 눈송이는 너무도 가볍고 예뻤다. 계속 앉아서 눈이 내리는 걸 지켜보고 있는데 저기서 가벼운 눈송이 하나가 나뭇가지에 떨어지자 나뭇가지가 우지직하며 부러지고 말았다. 그 눈송이 하나는 가볍고 가벼웠는데. 그 작은 눈송이 하나가 나뭇가지를 부러뜨렸다.

눈송이 하나는 너무너무 가볍다. 이처럼 처음부터 큰 무게로 위험에 빠지지는 않는다. 누구나 큰 무게라는 것을 인지하니까. 우리가 빠지는 함정은 이렇게 작은 것을 소홀히 할 때 빠지게 된다. 가까운 사람들과 가깝기에 더 많은 대화를 나누게 되고 작고 보잘것없는 '하라'는 명령어가 쌓이고, 쌓이고 또 쌓이게 되어 파국으로 이르게 된다.

직장에서 혹은 친구들과 어울리다가

'아니! 별거 아닌데 왜 저래?' 하며 의아한 생각이 드는 상황들이 종종 있다. 만약 그 사람이 나와 많은 시간을 보내는 사람이라면 이런 생각을 한번 해봐야 할 것이다.

'평소에 작은 일이 많이 쌓여 있었구나! 그래서 지금 저만한 일로 터졌구나!' 하고 지난 내 행동을 한번 살펴봐야 할 것이다.
 언니와 나는 늘 함께한다. 그러다 보니 주위 사람들도 모두가 잘 아는 사이다. 이것이 문제다. 평소 싹싹하고 예의 바르고 착하고 예쁘다고 모두가 칭찬하는 감정형의 언니가 어쩌다 누군가가 그 감정을 건들게 되면 확 돌변한다. 그 참한 성격은 어디를 가고 뇌가 마비되어 격한 감정이 입과 행동으로 바로 나온다. 그러면 나는 늘 얘기한다.

"내가 모르면 몰라도 그 사람은 나도 아는데. 내가 니니까 얘기하지 남이면 왜 얘기하겠나? 그러지 좀 마라. 그게 아니잖아?"
 늦게 심리상담을 공부하면서 제일 반성하는 게 언니와의 관계에서 나의 행동이다. 그도 그럴 것이 제일 많이 함께했으니 제일 많은 말들이 오고 가지 않았겠는가?

 가까운 사람일수록 더욱 '나 전달법'을 실천해보라. 그럼 그 관계는 더욱 공고해지게 될 것이다. 갈등 해소 방법 중에 가장 쉬운 방법이지만 꾸준히 습관이 되도록 실천하기란 결코 쉽지 않을 것이다. 처음과 끝이 직선에서는 극과 극이지만 조금만 사고를 전환하면 고리에서는 한 점인 것처럼.

그렇다. 비교는 나보다 낮은 사람과 하고, 자랑은 나보다 높은
사람한테 해야 한다. 그래야 사는 게 행복하다.
그런데, 우린 반대로 하고 있다. 자랑은 나보다 못난 사람한테 하고
비교는 나보다 잘난 사람과 하니, 밉상에다 늘 이마는 찡그리고 산다.
명심하라.
'비교는 하향비교, 자랑은 상향자랑'

6

당연한 것 아닌가?

"왜 사세요?"라고 질문하면 너무 황당한 질문이라 답을 언뜻 못한다. 그러다,

"죽지 못해서 살지"라며 대답한다.

다시 질문한다.

"삶의 목적이 뭐예요?" 그러면 여러 가지 대답이 나온다.

막 사업을 시작한 이들은 사업이 흥해서 많은 돈을 버는 것, 아픈 이들은 건강하게 오래 사는 것, 대입을 앞둔 헬리콥터 엄마는 자녀를 원하는 대학에 보내는 것 등등.

우리가 찾은 해답은 '행복하기 위해서'이다.

옛날 먹고살기 힘들 때는 '행복'에 관심 가질 여유가 없었는데 요즘에는 '행복'에 관심이 많다. 행복은 어느 아파트에 사는

가? 연봉이 얼마인가? 직위가 높은가? 와 같은 객관적 지표도 아니고, 사랑, 높은 자존감, 정서적 안정과 같은 심리적 요인도 아니고 '성격'이 가장 관련이 높다고 여러 연구결과에 나와있다.

박사 논문 주제로 무엇을 연구할까 고심 끝에 '성격이 행복에 미치는 영향'을 연구하기로 결론을 내렸다. 그리고 지도교수님께

"교수님, 성격을 독립변인으로 하고 행복을 종속변인으로 해서 성격이 행복에 미치는 영향을 연구해볼까 합니다." 하니까

지도교수님께서

"선생님, 성격은 어떤 성격유형인지를 보는 거지 독립변인으로는 사용하는 게 아니에요" 하셨다.

분명 내 생각엔 점수 측정이 가능하기에 독립변인이 가능한데 왜 안된다는 건지 이해가 되지 않았다. 그래서 다시 교수님께

"교수님, 5점 리커트 척도인데 왜 독립변인으로 안 되죠?"라며 다시 질문을 드렸다. 교수님은 너무 당연한 걸 묻는다는 듯이

"선생님, 점수 측정이 가능하다고 해서 모두 독립변인으로 가능한 게 아니에요" 하셨다.

이쯤 되면 그만해야 되지만, 이해가 안 되는데 어찌하겠는가? 그래서 다시

"교수님! 제가 행동형이지만 논문 쓸 때는 사고에너지를 많이

사용하면 좋은 것이고 다른 사람과의 관계에선 감정에너지를 많이 사용하면 좋잖아요. 성격유형 척도라고 해서 안 되는 건 아니라고 생각합니다."

교수님께서는

"정 그러면 해보세요"라며 못 마땅해하셨다.

고정관념이란 게 깨뜨리기 참 어렵다. 어찌나 껍질이 단단한지. 그렇게 교수님이 안 된다 한 것을 나는 성격과 행복에 관해 논문을 썼고 아주 좋은 호평을 받았다.

그렇게 탄생한 연구결과를 얘기해본다.

첫째. 성격이 행복에 가장 큰 영향력을 행사한다.

같은 상황에서 같은 것을 바라보더라도 성격에 따라 다르게 바라본다. 똑같이 컵에 물이 반이 있어도 '물이 반밖에 없네' 하는 사람과, '아직 물이 반이나 있네' 하는 사람이 있다.

아무리 잘난 외모를 가지고 가진 재산이 많고 높은 지위에 있어도 늘 '이건 이래서 안 돼', '저건 저래서 안 돼' 하면서 불만이 많은데 어찌 행복하겠는가?

긍정적인 성격을 가진 사람이 부정적인 성격을 가진 사람보다 행복한 것은 '당연한 것' 아닌가?

둘째, 행동형 감정형 사고형 중에서 행동형이 행복도가 제일 높다.

김아라의 심리학 저서 『과거가 남긴 우울 미래가 보낸 불안』에서 우울한 사람은 과거에 살아가고, 불안한 사람은 미래에 살아가고, 평안한 사람은 현재에 살아간다 하였다.

에니어그램에서는 같은 현재를 살아가고 있지만 서로 바라보는 시점이 다르다고 한다. 행동형은 현재, 사고형은 미래 그리고 감정형은 과거에 초점을 두고 살아간다. 현재에 무게중심을 두고 있는 행동형이 미래에 시점을 두고 있기에 불안을 안고 살아가는 사고형보다 그리고 과거에 초점을 두고 있기에 수치심을 기본 에너지로 살아가는 감정형보다 행복한 것은 '당연한 것' 아닌가?

셋째. 행복해지기 위해서는 많이 생각하고, 부정적인 감정을 낮추어 많은 긍정적인 감정을 느끼고, 많이 행동하여야 한다.

공부도 열심히 하고, 운동도 열심히 하고, 봉사활동도 열심히 하면 당연히 더 행복하겠지?

'당연한 것' 아닌가?

그렇다. 세 가지 모두가 '당연한 것' 이다.

심리학은 사회과학에 속하는 학문이다. 과학이라는 것이 '사과가 떨어지네' 처럼 지극히 당연한 걸 '지구가 끌어당기는 힘이 있어서 사과가 땅으로 떨어진다' 라는 중력의 법칙으로 증명함으로써 '사과는 아래로 떨어지게 된다' 는 명제로 비로써 인정받게 된다.

'성격이 행복에 가장 큰 영향력을 행사한다', '행동형, 감정형, 사고형 중에서 행동형이 가장 행복하다', '행복해지기 위해서는 많이 생각하고, 부정적인 감정을 낮추어 많은 긍정적인 감정을 느끼고, 많이 행동하여야 한다' 라는 지극히 당연한 것을 내가 증명하였다는 것이다. 그러니까, 이 단순한 걸 그리 고생하며 몇백 페이지의 논문을 써서 알게 되었다는 것이다.

『노는 만큼 성공한다』의 저자 김정운 교수가 독일유학에서 몇 년 동안 고생하며 연구한 결과가 '엄마와 아기는 눈으로 얘기한다' 인 것처럼.

'당연한 것' 아닌가?

이 결론은 뒤에서 계속 이어가겠다.

데카르트는 '나는 생각한다. 고로 나는 존재한다' 고 하였다.

세상은 별생각 없던 것을 '당연한 것' 으로 정의 내리면서 발전하는 것이 아닐까?

행복해지는 방법 세 가지

'젤행복한선'이 내 닉네임이다. 나는 젤 잘 나지는 않았지만, 젤 행복한 여자다.

행복론과 관련한 책이 참으로 많다. 그만큼 행복에 많은 관심을 가진다는 것이다. '성격이 행복에 가장 큰 영향을 미친다'고 말만 하지 정작 방법을 얘기하는 이는 드물다. 아마 성격으로 행복해지는 방법을 심리와 접목한 사람은 내가 처음이지 않을까?

고정관념을 깨고 성격과 행복의 관계를 연구했다. 그리고 모두가 행복할 수 있는 마법의 방법을 찾았다. 지금부터 마법의 방법을 얘기하겠다. 여기까지만 나의 몫이다. 그걸 선택하느냐, 않느냐는 본인의 몫이다.

명심하라. '행복은 본인이 선택하는 것이다.'

누가 가져다주는 것이 아니라.

박사 논문의 연구결과는 사고, 감정, 행동 에너지가 높을 때 행복 하다는 것이다. 그렇다면 행복해지기 위해서는 사고, 감정, 행동 에너지를 높이면 된다.

첫 번째로 사고에너지를 높이는 방법을 알아보자. 사고에너지를 높이기 위해서는 무엇이 원인일까를 알아야 한다.

어떤 행복연구결과에서 평소 상향비교를 주로 하는 사람과 하향비교를 주로 하는 사람들의 행복감을 조사해보니, 하향비교를 주로 하는 사람들이 더 높은 행복감을 가졌다고 한다. 똑같이 30평대 아파트에 살지만 50평대 아파트에 사는 사람보다 못 산다고 생각하며 부러워하는 사람과 20평대 아파트에 사는 사람보다 잘 산다고 생각하며 만족해하는 사람 중에서 누가 더 행복할까?

50평대 아파트를 부러워한다 해서 내 아파트가 50평대가 되는 것이 아니고, 20평대 아파트와 비교 한다 해서 20평대로 낮아지는 것이 아니다. 그냥 지금 사는 것은 30평대 아파트로 똑같다. 그렇다면 행복하게 30평대 아파트에서 살 것인가? 불행하게 30평대 아파트에서 살 것인가? 답은 나왔는데도 그것이 힘들다.

내가 아는 사람 중에 제일 학식이 높은 사람이 석사 때 지도교수님이시다. 전형적인 사고형이시다. 우리나라 명문대 서울대와 영국 명문대 런던정경대에서 박사학위를 받으셨다. 많은 연구로 세계인명사전에도 등재돼 있으시니 그 학식이 얼마나 크겠는가? 나는 공부에 관한 자랑은 늘 지도교수님께만 한다. 내가 막 전화를 걸어 조잘조잘 하기에는 굉장히 부담스러운 사이지만, 교수님께만 잘난 척 자랑을 한다. 노력해서 성과가 났으니 막 자랑하고 싶은 마음이 굴뚝같다. 그러나 나랑 친한 주위 사람한테 자랑하면 밉상이 된다. 27평 아파트에 살다가 33평 아파트를 샀다고 옆집 가서 자랑하면 밉상이 되지만, 70평 사는 친구한테 자랑하면 '이사 가게 되어서 좋겠네'라고 한다.

그렇다. 비교는 나보다 낮은 사람과 하고, 자랑은 나보다 높은 사람한테 해야 한다. 그래야 사는 게 행복하다. 그런데, 우린 반대로 하고 있다. 자랑은 나보다 못난 사람한테 하고 비교는 나보다 잘난 사람과 하니, 밉상에다 늘 이마는 찡그리고 산다.

명심하라.

'비교는 하향비교, 자랑은 상향자랑'

행복해지기 위해서는 노트에 적어야 한다.

'행복한 점은 무엇인지? 힘든 점은 무엇인지?'

생각만으로는 정리가 되지 않고 머리만 더 복잡해진다. 그런 다음 행복한 점과 힘든 점을 구분해서 모아본다. 행복한 점은 화장실 변기 앞이나 씽크대 앞처럼 눈에 잘 띄어서 볼 수밖에 없는 곳에 붙여둔다. 그리고 하루에 몇 번씩 읽는다.

  힘든 점은

  '내가 해결할 수 있는가? 아닌가?' 를 체크 해 본다.

  내가 해결할 수 없는 것과 해결할 수 있는 것을 구분하여 노트에 적는다. 그리고 '원인이 무엇일까?' 를 적어본다. 과감히 해결할 수 없는 것은 지운다. 마음에서도 지운다. 해결할 수 없는데 가지고 있어 봐야 뭘 하겠는가?

  직접 적어봐야 알 수 있음을 명심하라.

  지금까지가 사고에너지를 높이는 방법이다.

  '사고에너지를 높이는 방법 끝'

  감정 에너지 높이는 방법을 알아보자

  감정 에너지를 높이는 방법은 좋은 감정은 높이고 나쁜 감정은 낮추는 것이다. 좋은 감정을 높이는 방법으로 취미활동, 본인의 장점 찾아보기, 친구와 수다 떨기 등의 많은 방법을 우리는 알고 있다. 나쁜 감정 에너지 낮추는 법을 한번 배워보자.

  아들러는 '미움받을 용기 가지기' 라고 하였다. 만약 열 명의 사람이 있다면 그중에서 두 명은 나를 좋아하고 일곱 명은 나에게 관심이 없고 한 명은 나를 싫어한다. 그런데 우리는 아홉 명이 아니라 나를 싫어하는 한 사람 때문에 힘들어한다.

딸이 "엄마, 잠바 입을까 아님, 티 입을까?"라고 물으면 나는 대답한다.

"아무거나 너 입고 싶은 것 입으면 돼, 어차피 네가 잠바를 입었는지 티를 입었는지 대부분은 관심이 없고, 널 좋아하는 친구들은 벗고 가도 예쁘다 할거고, 널 싫어하는 친구는 명품을 입고 가도 안 예쁘다 할 테니까. 그냥 너 입고 싶은 거 입어"

모두가 나를 좋아할 수는 없다. 예수님을 싫어하는 사람들도 있었는데 어떻게 모두에게 사랑받겠는가? 심리상담을 받는 사람 중에 감정형이 제일 많은 것은 감정이라는 게 너무 여리고 보드라워서 쉽게 상처를 받기 때문이다. 이런 보드라운 감정 에너지를 감정형이 제일 많이 가지고 태어났으니 다른 성격유형보다 상처를 더 받을 수밖에 없다.

모두에게 사랑을 받고자 하니, 모두의 비위를 맞추어야 하고, 그러다 보니 정작 자신의 마음을 챙기지 못해 결국은 마음이 고장 나는 것이다.

이런 사람들을 '자유롭지 못한 사람'이라 한다. 아들러는 '자유롭지 못한 사람'이 아니라 '미움받을 용기를 가진 사람'이 되라 하였다. 모두가 나를 사랑할 수 없음을 명심하고 만나서 힘든 사람들이나 관계가 좋지 않은 사람들은 과감히 쳐 내야 한다. 친구의 숫자가 몇 명인가가 중요한 게 아니다. 나를 알아주는 친구 한 명만 있으면 된다. 그 한 명이 없어도 상관없다.

명심하자 내가 뭐를 하든, 뭐를 입든, 뭐를 선택하든 열심히 했어도 대부분은 관심이 없다. 내가 뭘 했는지를 모른다. 내가 어떤 실수를 해도 나를 좋아하는 사람은 이해하고, 보통의 사람은 내가 무슨 실수를 했는지 자체를 모른다. 나를 싫어하는 사람은 내가 뭘 해도 나를 싫어한다. 그러니 애써 남들한테 잘 보이려 할 필요가 없다.

'미움받을 용기'를 가지자. 나를 싫어하는 사람이 있는 것은 당연하다.

'감정에너지 높이는 방법 끝'

행동 에너지를 높이는 방법을 알아보자.

아무리 내가 원인을 알았다고 하더라도 행동하지 않으면 무용지물이다. '천 리 길도 한 걸음부터', '쇠뿔도 단김에 빼라', '해 보기나 해 봤어?' 이런 것 모두가 행동 에너지를 높이는 방법이다.

웨딩숍을 그만둔 지 얼마 안 되었을 때이다. 박사과정을 함께 한 친구가 상담센터를 몇 군데나 하니 관리가 힘들다며 친한 친구한테 아무런 조건이나 권리금이 없으니 해보겠냐며 물었다. 그 친구는 싫다고 했다. 나는 상담경험이 없을뿐더러 그런 일은 흥미가 없었기에 권하는 물망에 없었다.

TCI 검사라는 심리검사가 있는데, 기질과 성격을 종합적으로 살펴보는 검사 도구이다. 이 검사를 해보면 본인의 사고방식, 감정양식, 행동패턴, 대인관계 양상, 선호 경향 등을 폭넓고 세밀하게 알 수 있다. 개인적으로 '나를 알아가는 도구'로 꼭 권하고 싶은 심리검사다. 여기에는

'어떤 새로움을 추구하는 성향이 높은가? 낮은가?

'새로운 환경에서 회피하려는 성향이 높은가? 낮은가?

'대인관계에서 사회적 민감성이 높은가? 낮은가?

'어떤 일을 할 때 인내심이 높은가? 낮은가'가 나온다.

첫째 새로움을 추구하는 자극추구는 악셀레다 역할이고, 둘째 위험을 회피하려는 성향은 브레이크 역할을 한다. 만약 자극추구는 높고 위험회피가 낮다면, 브레이크 고장 난 차로 고속도로를 주행하는 것과 같고, 자극추구는 낮고 위험회피가 높다면 브레이크도 악셀레다도 고장 나서 움직이지 않고 멈춰져 있는 차와 같다. 이렇게 극으로 달리는 사람은 없겠지만 비유를 들자면 이렇다. 우리 집은 나는 전자고 남편은 후자다. 극과 극이 많나 잘 산다. 이러한 나의 타고난 기질적 성향으로 모두의 걱정은 아랑곳하지 않고 그 상담센터를 내가 맡아 하기로 했다.

상담센터는 미술을 매개로 심리상담을 하는 곳이었다. 미술도, 상담도, 심리도 경험이 없는 내가, 학과도 박사만 상담학 전

공이지 학사, 석사는 다른 전공을 하였고, 직업 또한 관련이 없는 일을 한 내가 어찌 힘이 들지 않았을까? 주위의 걱정이 적중했다. 너무 힘이 들었다. 일 마치고 집에 오면 앉아 있을 기운도 없어 바로 쇼파에 쓰러졌다. 평소 내가 엄살이 없다는 걸 아는 남편은 그런 내가 안쓰럽기도 하고 얄밉기도 하였기에 "누가 돈 벌어 오라 하드냐? 왜 시작해서 그러냐?"고 화를 냈다.

1번 자극추구는 높고, 2번 위험회피가 낮아 브레이크 고장 난 차로 고속도로를 달리는 내가 4번째 성향인 인내심이 높아 2년을 버텼다. 늘 바쁜 일이 아니기에 그만두기 아까운 직장이라고 남편은 얘기하지만 과감하게 2년을 하고 재계약 때 그만뒀다. 남편은 또 왜 그만두냐고? 난리다.

이래도 난리 저래도 난리. G랄도 풍년이다.

지금 와서 보면, 그건 너무 잘한 선택이었다. 나는 학사와 석사가 상담학이 아니기에 상담에 대한 기초지식이 없었다. 어쩌다 보니 박사과정으로 상담학을 선택했는데, 보통은 학사나 석사 과정에서 이론적인 기초지식을 갖추고 박사과정에 들어오기에 나 같은 경우는 기초적인 이론을 공부하기에는 이미 늦었다.

막상 현장에 뛰어들고 보니 청소년 상담사 자격증이 필요했다. 학사나 석사로 상담학을 전공하고 현장 경험이 3년이 되어야 원서를 낼 수 있는데 현장 경험이 없어도 박사학위만 있으면 가능하다기에 도전했다. 국가자격증이기에 만만치가 않았다. 이렇게 청소년 상담사 자격증을 따면서 이론적인 기초지식을 갖추었고 센타를 하면서 경험적 지식을 쌓고 나니 이제는 어디 가서도 '상담학 박사' 라 자신 있게 말할 수 있다. 그때 조금만이라도 현실을 파악했더라면 그렇게 막무가내로 시작하지 못했을 것이다. 어렵게 박사학위를 받고도 정작 무용지물이 될 뻔했다.
'행동하지 않는 지식은 죽은 지식이다.'

  지금도 강연을 하겠다고 마음을 먹고 이런저런 일을 시도한다. 두려움을 기본적 베이스로 가지고 태어난 사고형인 남편은
"확실하지도 않은데 왜?"
그럼 나는 늘
"되는지, 안 되는지 해봤나? 해 봐야 알지"
사고형과 행동형이 싸우는 데는 늘 같은 이유다.
'행동하지 않고 탁상공론만 일삼는 남편'
'생각하지 않고 무턱대고 저지르는 나'
아들러는 '모든 것은 본인이 선택한다' 고 하였다. 만약 누군가가 우울증을 앓고 집에만 틀어박혀 있다면, 남들하고 어울리지 못하는 것을 합리화하기 위해서 본인이 우울증을 선택한 것이고, 누군가가 비행이나 가출을 했다면, 아버지에게 맞은 것,

혹은 부모의 이혼 등에 대한 반항으로 본인이 가출을 선택한 것이고, 직장에서나 가정에서의 불화에 대한 반항으로 입을 다물고 묵언 수행을 하는 것도 본인이 선택한 것이다. 이러한 것을 본인이 선택하였기에 해결하고자 하는 의지도 본인이 선택하여야 한다.

위에서 사고에너지를 높이며 노트에 적은 것을 행동하여야 한다. 선택은 본인이 하는 것이다. 행동하고, 않고도 본인이 선택한다. 행동하라. 언제부터? 바로 지금부터.
'행동에너지를 높이는 방법 끝'

'원인이 무엇인지를 알고, 미움받을 용기를 가지고, 지금 바로 행동하면 우리는 모두 행복해진다'
'젤행복한(본인?)' 이 될 것이다.

성격에 맞게 대하라

남편은 MBTI로 보면 정확한 ISTJ 유형이고 에니어그램으로 보면 사고형인 6번 사슴 유형이다. 나는 MBTI로는 ENTP 유형이고 에니어그램으론 8번 호랑이 유형이다.

성격유형에 따라 같은 시점에 서서 같은 것을 바라보지만, 바라보는 방법과 느낌은 모두가 다르다. 무분별하게 자기계발서, 자녀교육법, 인간관계론, 성공비법 등의 많은 교육 서적들이 나오는데 성격유형을 잘 모르고 함부로 모두에게 적용한다면, 선무당이 사람 잡게 되거나, 돌팔이 의사에게 시술을 받는 것과 같게 된다. 앞에서 얘기한 연꽃과 선인장처럼 말이다.

선인장에겐 물을 주지 말아야 하고 연꽃에겐 물을 줘야 하는 것을 모르는 것과 같은 이치다. '누가 물을 주면 좋다' 더라, '그렇게 해서 서울대 보냈다' 더라, '무엇을 먹으면 몸에 좋다' 더라는 얘길 들으면 우리는 귀가 솔깃해지면서 실행해본다. 선인장에게 물을 주면 망치는 줄 모르고···.

이제마는 사람들의 신체구조에 따라 같은 약재지만, 독이 되기도 하고 약이 되기도 함을 깨닫고 '사상의설'을 창시하였다. 지금은 '4 체질'에서 더 세분화하여 '8 체질'로도 널리 알려진다. 나는 '사상의설'에서는 태양인인데 '8 체질'에서는 금음인이다. 태양인을 금양인과 금음인으로 더 세분화한 것이다. 금양인과 금음인은 같은 금의 성질이기에 육식보다 채식 위주의 식단이 좋다. 하지만 더 세밀하게 들어가면 같은 금의 성질을 타고 났지만 금음인과 금양인에게 좋고 나쁜 음식도 차이가 있다.

8 체질에서는 어떤 체질에는 육고기나 기름진 음식이 이롭다 하고 또 어떤 체질에는 채소가 해롭다고 한다. 이 학설에 따르면 스님들이 어릴 적 입적하여 늘 신선한 채소 위주의 식단과 명상과 맑은 공기에서 지냈는데도 장수하지 못하는 스님의 경우를 그 스님의 체질에는 채소가 독이 되었기 때문이라 한다. 또한, 바닷가에 사는 사람이 몸에 좋은 생선과 해산물 위주의 건강한 식사를 하였는데도 단명하는 사람 또한 같은 이유라고 한다. 술과 담배와 육식을 즐겼는데도 장수하는 비결을 모두 같은 원리로 설명한다.

성격 또한 같다.

에니어그램 성격유형에서는 넓게 힘의 중심으로 사고형, 행동형, 감정형 3가지 성격으로 구분한다. 이들 각 유형은 살아가는 시점이 다르다. 사고형은 늘 미래에 초점을 두고 살아가고, 감정형은 과거에 초점을 두고 살아가며, 행동형은 현재에 초점을 두고 살아간다. 따라서 성격에 따라 대하는 방식이 달라야 한다.

시점이 미래에 있는 남편은 아이들이 자라서 단단하게 성장하려면 지금 경제관념을 심어주어야 한다고 생각했다. 그래서 철두철미하게 아이들의 용돈을 관리하고 통제했다.

우리 집에선 친척들이 아이들에게 "이거 가지고 과자 사 먹어"하는 것이 허용되지 않았다. 갑자기 계획에 없는 돈이 들어오면 아이들의 짜여진 계획이 흐트러질 뿐만이 아니라 요행을 바라게 된다고 생각한 남편의 철학 때문이다. 하지만 현실에 초점을 둔 행동형인 아이들과 나는 미래야 어찌 되든 현실에 먹고 싶은 것, 사고 싶은 것, 하고 싶은 것을 바랄 뿐이다. 하지만 아집이 친정아부지 닮아 고래 심줄인 남편에겐 통하지 않았다. 이러한 아빠의 생각은 아이들이 바라볼 땐 힘이 없으니 수긍할 수밖에 없는 악법이었다.

성격심리학을 공부하면서 가장 후회되는 것을 말하라 하면

'그때 아이들 편에 서서 남편의 악법을 막아줬어야 했는데' 하는 마음이다. 지금이라도 깨닫게 된 것을 감사한다.

사무실에 가만히 멍하고 앉았다가 '장난감도 나름의 성격유형을 보이네' 라고 생각한 적 있다.

일을 마치고 청소로봇을 켜놓으면 분잡스럽지도 않고 정확하게 정해 놓은 대로 효율적으로 구석구석 조용하게 삭삭 잘 쓸어 담는다. 융통성 없이 정해진 코스로만 간다. 좀 대충해도 되는 곳은 지나갈 법도 한데 말이다.

'음! 저놈은 사고형을 닮았네'

테잎을 감으면 춤추는 예쁜 발레리나 인형을 여자아이들이 잘 가지고 논다. 뱅글뱅글 리듬을 타며 돌아가는 게 보기만 해도 행복하다.

'음! 예쁜 발레리나는 감정형이네'

뚝딱뚝딱 남자아이들이 레고를 만들고 있다. 네모난 모양이라 아름답고 예쁘지는 않지만, 단단하기에 남자아이들이 막 던져도 잘 깨지지 않는다.

'음! 딱 행동형이구나'

청소 로봇은 실용적이고 조용하니 자기 일을 잘 하지만 여러 친구와 놀지 않고 혼자서만 묵묵히 청소한다. 발레리나 인형은 춤추는 모습이 예쁘고 아름다운 멜로디가 모두를 기쁘게 하지만, 너무 정교해서 고장 나면 고치기가 힘들다. 레고는 단단하고 만들기도 쉽지만, 모양이 단조로워 보기엔 덜 예쁘다.

  모두가 쓰임새가 다르고 장·단점이 다르다.

  에니어성격유형은 MBTI와 함께 요즘 많은 관심을 받고 있다. MBTI가 외형을 살피기 좋은 데 비해서 에니어그램은 내면 깊숙이 살피기에 좋다. 에니어그램은 좀 헷갈리고 어렵다. 에니어그램 성격유형은 역동적이기에 성격유형 테스트만으로 본인의 유형을 확신하기도 힘들다. 이것이 어찌 보면 에니어그램의 매력이 아닐까?

  그만큼 깊이가 있다 보니 쉽게 공부하기 어렵다. 그러다 보니 쉽게 살펴볼 수 있는 MBTI를 더 많이 선호한다. 만약 좀 더 깊게 연구를 하고 싶다면 에니어그램이 훨씬 효율적이다. 에니어그램은 성격유형을 알아보는 것뿐만 아니라 좀 더 인격이 높아지는 방법을 알려주기에 상담현장에서나 마음 수양하려는 사람들에게 사랑받는 성격유형 이론이다.

  봄과 가을은 비슷한 기온이다. 예쁜 꽃과 예쁜 단풍 구경으로 북새통인 계절이다. 하지만 꽃과 단풍은 예쁘다는 공통점도 있지만 엄청난 차이가 있다. 봄은 시작에 중점을 둔 계절이지만, 가을은 정리에 중점을 둔 계절이다. 날씨도 봄에는 바람이 많다.

야외촬영을 나가면 늘 면사포가 바람에 날려 도우미가 여간 힘든 게 아니다. 가을은 구름도 바람도 없이 청명하다. 같은 두께의 옷이지만 갈색계통은 왠지 봄에 입기엔 부담이고 노랑이나 분홍 혹은 연두는 가을에 입기가 부담이다. 이것이 성격유형이다. 닮았다고는 하지만 다른 것이다.

웨딩숍을 하다 보면 고객 쪽에서 어떤 이유로 감정을 다쳐 캔슬을 통보할 때가 있다. 이때 대응방식이 각 성격유형에 따라 다르다.

행동형의 신부들은 의리와 격식을 중요하게 여기기 때문에 진심으로 사과하면 먹힌다. 캔슬을 취소하고 전보다 더욱 신뢰가 공고하게 쌓이는 유형이다. 단 진심으로 사과해야 함을 기억해야 한다.

사고형의 신부들에겐 사고형이다 보니 조목조목 어떤 것이 오해를 불러왔는지를 설명하고 미안한 만큼 보상을 드리겠다며 보상의 조건을 제시하면 먹힌다. 이들이 생각했을 때 캔슬하고 가는 것과 여기서 계속 진행할 때 어떤 것이 더 이익이 큰지를 알려줘야 하는 게 중요하다. 명심하라. 합리적이어야 한다. 얼렁뚱땅은 다른 유형에겐 몰라도 이들에겐 통하지 않으니.

그런데 감정형의 신부는 안 먹힌다. 진실한 사과도, 보상도 먹히지 않는다. 이들은 공짜로, 모든 결혼식 비용을 전액 우리 쪽에서 부담한다 하더라도 안 먹힌다. 감정이란게 한 번 들어지면 쉽게 돌아가지 않는다. 그런 게 감정이다. 성격을 공부하다 보면 '좀 일찍 성격을 공부했더라면 일하는 데 도움이 됐을걸' 이라는 생각을 많이 가지게 된다.

연꽃에게 물을 주면 연꽃은 좋아하지만, 선인장에겐 물을 주면 싫어한다. 골프 치러 가면 자꾸만 코칭을 부탁하는 친구와 코칭 좀 안 해줬으면 고맙겠다는 나. 모두 성향이 다르다.

이런 각기 다른 성향은 강연할 때도 자주 본다. 앞자리에 앉는 사람은 늘 앞자리에 앉고 뒷자리에 앉는 사람은 늘 뒤에 앉는다. 그런데 어쩌다 뒷자리를 선호하는 사람들이 많을 땐 앞자리가 텅 빈다. 그럴 때 뒷사람들에게 앞으로 오라고 하면 절대 오지 않는다. 어쩌다 뒷자리가 다 차고 없을 땐 늦게 오는 사람들이 죽을 맛으로 앞자리로 와 앉는다. 이걸 무시하고 자리를 배치하면 강연을 망치게 된다. 이 편하지 않은 자리가 호응을 불러일으키지 않거든.

한 스승이 4명의 제자에게 자신과 타인에 대해 성급하게 판단하지 말라는 것을 가르치려고 멀리 여행을 갔다 오라 하였다. 먼 여행이다 보니 각자가 도착한 계절이 달랐다. 다녀온 네 명의 제자는 각기 다른 얘길 했다. 한 명은 봄에 대해서, 다른 한 명은 여름에 대해서, 또 다른 한 명은 가을에 대해서 마지막 한 명은 겨울에 대해 보고 느낀 것을 설명했다.

그런데 성격은 같은 계절에 다녀왔어도 다른 것을 얘기한다. 한 명은 쭉쭉 곧게 뻗어있는 삼나무를, 또 한 명은 구불구불하게 멋있게 자란 소나무를, 또 다른 한 명은 잎이 무성하여 그늘이 좋은 느티나무를, 마지막 한 명은 칭칭 휘감겨 올라가는 등나무를 바라보고 온 것이다. 같은 계절, 같은 곳을 다녀왔지만 바라보는 관점이 달랐다. 꿈틀거리며 휘감기는 등나무에게 '너는 왜 그렇게 바르지 못해. 좀 똑바로 서봐' 한다고 등나무가 바로 서지 못한다. 각각 다르다는 것을 알고 등나무에게는 등나무에 맞는 환경을, 삼나무에게는 삼나무에 맞는 환경을 적용할 때 모두가 어울려 아름다운 정원이 만들어진다.

명심하라 인간관계도, 자녀교육도, 부부관계도 모두 다름을 이해하고 각각에 맞게 대할 때 갈등이 줄어들게 된다는 것을.

각자의 최대 에너지를 끌어낼 수 있다는 것을.

나의 에니어그램 성격유형은 무엇일까?

〈인터넷에 '에니어그램 성격유형 테스트 무료하기'를 검색해 보자. 그걸 체크 해보면 본인이 몇 번 유형인지 바로 확인할 수 있을 것이다. 그리고 이 글을 읽는다면 좀 더 재미있게 읽을 수 있겠다. 그런데 테스트한 결과가 본인의 성격유형이 아닐 확률이 매우 높다. 에니어그램 성격유형은 역동적이라 쉽게 본인의 성격유형 번호를 찾기가 어렵다. 그렇지만 에니어그램을 이해하는 데는 도움이 될 것이다.〉

이 책은 에니어그램을 소개하고자 하는 책이 아니지만 여기까지 읽었다면 에니어그램 성격유형과 본인의 에니어그램 성격유형은 몇 번일까? 가 궁금할 것이다. 그래서 쉽고 재미있게 에니어그램의 세 가지 힘의 중심과 9가지 성격유형을 소개하고자 한다.

에니어그램을 좀 더 쉽게 설명하기 위해 에니어그램의 9가지 성격유형과 비슷한 성향을 나타내는 동물의 이름을 에니어그램 성격유형 번호와 함께 사용하기도 한다. 그러한 9마리 동물은 소, 강아지, 독수리, 고양이, 부엉이, 사슴, 원숭이, 호랑이, 코끼리다. 본인이 9가지 동물 중에서 어떤 동물의 특성과 비슷한가를 잠깐 생각해보라. 비슷하다고 생각 드는 동물이 있다면 그 동물이 본인의 성격유형일 확률이 있다. 그런 다음 뒤에 나오는 내용을 읽어보면, 그 설명들 가운데 본인 얘기인 것 같다는 생각이 드는 유형이 있을 것이다. 그것이 본인 성격유형일 확률이 높다. 그리고 성격유형 테스트를 해보라. 그렇게 해서 찾은 성격유형이 있다면, 그럼 50%는 본인의 성격유형을 찾은 것이다.

 MBTI는 정확하지 않아도 공부하는데 큰 차질은 없다. 에니어그램도 '그냥 나는 이러한 성격이구나' 정도만 알고 싶다면 정확하지 않아도 큰 차질은 없다. 하지만 깊게 심리학과 연결하려고 한다면 정확한 나의 유형을 알아야 한다. 그렇지 않으면 선무당 사람 잡게 된다.

 그래도 난 에니어그램이 재밌다는 생각이 든다면 돈 리처드 리소와 러스 허드슨의 『에니어그램의 성격유형』을 읽어보라. 이 책은 에니어그램 성격유형 입문용으로 더없이 좋다. 좀 두껍지만, 이 단계까지 온 사람이라면 재미있을 것이다.

에니어그램의 3가지 힘의 중심(행동형, 감정형, 사고형)

에니어그램에서 성격은 마음의 몸, 육체의 몸, 사고의 몸 세 종류로 구분하여 몸으로 나타나는 활동으로 설명한다. 즉 우리의 감정(가슴), 우리의 행동(장), 우리의 사고(머리)는 사람들이 자기 자신이라고 여기는 세 가지 현상의 중심영역으로 인간 신체의 중요한 중심들과 연관되어 있다. 이 에너지는 사람들이 살아가면서 활력을 얻는 원천이다.

힘의 중심은 감정형(2, 3, 4), 사고형(5, 6, 7), 행동형(8, 9, 1)으로 구분된다. 감정, 사고, 행동 세 가지 에너지는 상호 작용하지만, 하나만은 작용하지 않는데 스트레스를 받거나 갑작스런 상황과 같이 무의식이 강하게 드러나는 상황에서 본인이 타고난 성격 에너지가 유독 강하게 나타난다.

행동형(호랑이, 코끼리, 소)은 근원적인 힘이 장과 소화기계에 있기에 본능과 습관에 따라 행동한다. 행동형은 행동에 모든 에너지를 두고 있다. 몸을 쓰는 데 익숙하기에 운동을 하거나 노동을 하는 것을 크게 힘들어하지 않는다. 행동에 모든 에너지가 있기에 비교적 사고하거나 타인의 감정을 이해하는 데 어려움이 있다. 잠깐 여기에서 짚고 가야 할 것은 다른 유형보다 덜 사고하고 감정을 덜 느낀다는 것이지 못 하는 것은 아니란 걸 명심하

자. 자기의 본능, 강한 힘에 관심을 가지며 이끌린다. 행동형의 주된 감정이 분노다. 무의식 깊이 자리 잡고있는 에너지가 분노이기에 분노가 일어날 때 주된 원인은 이들이 가지고 있는 욕망이 적절하게 해결되지 않음으로써 오는 답답함에서 나타난다. 주 관심사는 자신의 존재, 힘과 정의이고 매우 직관적이며 자기중심적이며 현실적이다. 생각을 깊이 하거나 주위의 시선을 크게 의식하지 않고 상황파악을 본능적으로 하다 보니 무엇을 판단 내릴 때 굉장히 빠르다. 시간적 개념을 따진다면 행동형은 현실을 중요하게 생각한다. 현실에 시간의 중심을 두고 생활하고 현재에 관심을 두고 있기에 일 중심적이며, 일에 대해 정확하게 파악하고 신속하고, 현실을 통제하고 조정하는 일에 능란하다.

감정형(강아지, 독수리, 고양이)의 중심은 심장이다. 심장은 사랑을 의미하기에 정서와 감정을 가장 중요하게 생각한다. 에너지의 중심을 가슴에 두고 있기에 감정 에너지를 가장 높게 사용한다. 자신의 존재감을 타인과의 관계에 중점을 둔다. 자신이 생각하는 이미지가 자신의 정체성이라고 믿기에 주위에서 생각하는 자신의 이미지를 중요하게 생각한다. 감정형의 외모는 대체로 둥글며, 늘 웃는 인상과 따뜻한 눈빛을 가진 사람들이 많으며, 사람을 존중하는 관계 중심적이다. 시간적 개념을 따진다면 과거에 대한 관심이 많다. 다른 사람들 눈에 비친 자기 이미지에 유독 관심을 가지기에 '남들이 나를 어떻게 보느냐'에 관심이 많다. 그러나 누가 날 욕하거나 비난하는 행동은 나의 정체성을 인정하지 않는다고 느끼기에 적대감을 나타낸다.

 사고형(부엉이, 사슴, 원숭이)은 에너지 중심이 머리(뇌)에 있기에 심사숙고형이다. 의식적 신체기관이 머리이기에 시간적 개념을 미래에 두고 있다. 미래에 일어날 일들에 관심이 많기에 불안이 무의식 깊이 자리하고 있다. 불안이 주 관심사이기에 안전하게 해준다고 믿는 일을 하려 한다. 사고를 제일 중요시 하기에 생각이 많고 객관적인 논리와 이치에 맞는 것을 중시여기며, 관계를 맺기보다는 혼자만의 시간을 즐기며 모든 것을 분석하는 데 초점을 둔다. 사고형을 지배하는 정서는 두려움과 공포다. 낯선 사람과 새로운 관계를 형성하는데 두려움을 가지기에 익숙한 사람들과 친하게 지내는 경향이 있으며, 가장 편하게 생각하는 곳은 누구의 간섭도 존재하지 않는 자신의 내면세계이다. 무엇이든지 직접 눈으로 보아야 하며, 모든 관계와 상황에 있어서 의심부터 하며, 논리와 이론으로서 문제를 해결하려고 한다. 대체로 갸름한 얼굴에 호리호리한 체격, 수수한 차림을 한 사람들이 많다.

9가지 성격유형

에니어그램에서는 9가지 성격유형 중 어느 한 유형이 특출하거나 어느 한 유형이 다른 유형보다 열등한 것이 아니라 각각의 모든 유형이 장·단점의 타당성을 지니고 있으며, 각각의 유형은 세상을 바라보는 나름대로 독특한 방식을 가지고 있다. 우리가 각 유형에 이름을 붙였지만(개혁자, 돕는 사람 등) 실제로는 에니어그램 번호를 더 많이 사용한다. 번호는 중성의 성질을 띠고 있어서 편견 없이 각 유형을 쉽게 지칭할 수 있다. 에니어그램은 성격을 진단하거나 능력을 평가하는 심리검사지가 아니라 각자의 성격유형을 파악하여 사회와 가정, 그리고 자기개발에 도움을 주기 위한 자료로서 의미를 갖는다.

1번 소: 1번 유형은 자신이 가능한 노력을 다하여 세상을 개선시키고자 노력을 다하는 사명감을 가지고있기에 개혁가라 칭한다. 1번 유형은 양심적이고 원칙적이며 목표가 분명하고 자신을 잘 통제하며 윤리적이고 정의롭고 공정하며 이상적이다. 이러하기에 늘 완벽해야 한다고 생각한다. 이들은 원칙과 도덕을 중요시 여기기에 옳고 그름을 따지기를 잘한다. 상황을 개선시키기 위해 노력하며 책임감이 강하고 분노를 속으로 삭이는 개혁주의 자들이다. 잘 정돈되어있어 단정하고 깔끔한 인상을 준다.

이들은 행동하기 위해서 양심에 의해 정당함을 인식하여야만 하기에 높은 수준의 윤리나 도덕의식을 유지하려고 노력하기에 비판적이 되며, 완벽주의자가 되려고 한다.

2번 강아지: 2번 유형은 사람들을 즐겁게 해주고 잘 보살피며, 관대하고 대인관계를 잘 하며, 타인이 곤경에 빠졌을 때 적극적으로 도와주는 감정유형으로 돕는 사람이라고 칭한다. 감정유형이기에 이들은 타인들과 감정적인 교류를 잘하고 따뜻하며 진지하다. 그리고 친절하고 너그러우며 타인을 위해서 자기를 희생할 줄 안다. 다른 사람들에게 가까워지고자 하는 마음이 행동의 동기가 되며 타인에게 베푸는 것에 집중하기에 정작 자신을 돌보지를 못한다. 이들은 타인들이 자신을 가장 친한 친구로 생각하며 스스로를 특별한 친구 혹은 친밀한 사람으로 여겨주길 바라며 친밀감을 느끼고자 신체적인 접촉을 좋아한다. 겉으로 보기에는 사랑을 제공하는 사람으로 여겨지지만 깊은 내면에는 사랑을 찾고 사랑을 받기를 원한다.

3번 독수리: 3번 유형의 기본 동기는 '성공해야 한다' 이다. 자신감이 있고 적응을 잘하며 자신의 이미지에 관심이 많고 매력적인 유형으로 성취하는 사람들이라 칭한다. 이들은 야망이 있고 유능하며 에너지가 넘치고 다른 사람으로부터 사랑받는 방법을 알고 있으며, 사회적 지위와 개인의 성취를 제일 중요하게 생각한다. 또한, 타인이 자신을 바라보는 이미지를 중시하기에 성공한 사람의 이미지를 갖추기 위해 최선을 다하며 지나친 경쟁심으로 실패를 하지 않으려고 일중독에 빠지기도 한다. 인생의 가치를 성공이냐?, 실패냐? 에 중점을 두기에 성공을 위해서는 모든 것을 희생할 수 있으며 나아가 어떠한 불합리한 행위도 할 수 있다. 감정형에 속하지만 이 유형은 감정에 접촉하지 않는 유형으로 본인의 감정에 중심을 두는 것이 아니라 타인이 바라보는 이미지에 중심을 두기에 자신이 실제로 느끼고 생각하는 것을 표현하는 것이 아니라 칭찬받고 인정받는 것만을 말하고 행동한다.

4번 고양이: 개인주의자라 불려지는 4번 유형은 자기 내면에 빠져 있으며 표현력이 있고 극적이며 변덕스럽다. 신중하고 조용하며, 자신에 대한 생각이 많고 타인에게 민감하기에 자신을 드러내는 데 있어서 감정적으로 거짓 없이 정직하며 개인적이다. 이들은 삶에 있어서 항상 자유와 낭만을 가장 중시여기는 특별한 사람들로 평범한 것을 싫어하고 남들과 달리 특별한 존재라고 생각한다. 반면에 열등감도 함께 가지고 있으며, 자신만이 상실을 경험하였다고 생각하며 어딘가에 속하고자 하는 강한 열망과 시기심을 함께 가지고 있다. 시기심은 다른 사람과 비교하게 되고 따라서 자기를 비하하고 부끄럽게 생각하게 되지만 예술로써 이를 승화한다. 다른 사람들에게 보이기 위한 이미지가 강한 2, 3번 유형과는 달리 4번 유형은 자기 자신에게 보이기 위한 자아 이미지를 만든다. 이러한 공상의 자아에 나르시즘을 느끼며 타인의 감정을 잘 알지 못한다. 지나친 자의식이 타인의 접근을 차단하기에 자신의 감정에 휩싸여 자주 우울하다.

5번 원숭이: 5번 유형은 혼자 있기를 좋아하고 마음을 잘 드러내지 않으며 지각력이 있는 사람들로 우리는 이들을 탐구자라 칭한다. 이들이 있기에 새로운 지적 세계가 발견될 수 있다. 강렬한 지적인 유형으로 실제적인 행동을 취하기보다는 사색하는 성향이 강하며 일을 할 때 주의 깊게 생각한 후에 완벽하다고 판단이 되어서야 비로소 행동하는 유형이다. 이들은 섬세한 통찰력을 갖고 있으며 호기심이 특별하기에 늘 새로운 아이디어와 기술을 개발하는데 뛰어난 능력을 가지고 있다. 독립적이고 독창적이어서 상상의 세계에 머물기를 좋아하며 지식에 대해서는 탐욕적이지만 물질, 명예 같은 데는 탐욕적이지 않기에 타인들과 함께 어울려 일하기보다는 혼자만의 공간에서 일하기를 좋아하며 타인들과 관계 맺기가 힘들다.

6번 사슴: 6번 유형은 의심과 불안이 많고 책임감이 강하며 사람들에게 맞추려고 하는 안전과 전통을 가장 중시하는 이들로, 우리는 충실한 사람이라 부른다. 이들의 기본 유형은 '안전하고 확실해야 한다' 이다. 이 유형의 사람들은 신뢰할 수 있고 근면하다. 원칙을 중요하게 생각하며 안전을 최우선으로 여기기에 항상 방어적이고 소극적이다. 이들의 지나친 조심성은 우유부

단하다는 평가도 듣지만 당돌하고 반항적일 수도 있다. 이들은 권위를 싫어하며 모든 것을 의심한다. 신념이 강하고 불안과 불확실에 대한 방어책으로 강한 신념체계에 빠져든다. 표면적으로는 사교적이고 친절하지만, 내면에는 끊임없이 불안과 두려움을 가지고 있기에 비관적이고 냉소적이다.

7번 원숭이: 7번 유형은 욕심이 많고 산만하며 즉흥적이고 변덕스러우며 열정적이고 낙천적인 사람들로, 우리는 이들을 열정적인 사람이라 칭한다. 기본 동기는 '즐거워야 한다' 이다. 이들은 자신의 주의를 끄는 모든 것에 열정적이며 뭔가를 빨리 배우는 기민한 두뇌와 여러 가지를 동시에 할 수 있는 탁월한 능력을 가지고 있다. 항상 아이디어가 넘치고 새로운 정보를 찾아서 합성하고 창조적인 아이디어를 내놓으며 즉흥적으로 번뜩이는 아이디어를 만든다. 한 가지 주제에 깊이 몰두하기보다는 초기 단계에 개괄적으로 살펴보기를 좋아한다. 새로운 것을 찾으면 즐겁고 행복하게 된다고 생각하기에 걱정거리가 별로 없고 인생을 즐거운 것이라 믿기에 모든 것이 호기심의 대상이다. 자신을 억제하지 않고 끊임없이 새로운 경험을 찾아 모험하여 즐거움을 추구하고자 하기에 참을성이 부족하고 지루함을 견디기 힘들어하며 유쾌하고 산만하다.

8번 호랑이: 8번 유형은 자신감이 있고 결단력이 있으며 사람들을 지배하려 드는 이들로 우리는 도전하는 사람이라 칭한다.

이들의 기본 동기는 '이겨야 한다'이다. 8번 유형은 당당하고 구속받는 것을 싫어하며, 행동의 선이 굵고 성격이 강하며, 자기주장을 잘하고 자신을 보호할 줄 알며 임기응변에 능하다. 약한 것을 싫어하기에 약자로 보이는 것을 기피 하고 늘 경계태세를 늦추지 않으며, 자신이 옳다고 생각하면 누구와도 타협하지 않고 대결하려 들며, 자기주장이 뚜렷하여 자기의 주장과 다르다면 화를 내서라도 상대의 뜻을 관철하려 한다. 후회하는 법이 거의 없으며 화를 내고도 뒤끝이 없다. 이들의 전형적인 문제점은 타인과 가까워지는 것을 허용하지 않는다는 것이다. 이는 자신의 약한 모습을 타인에게 보이지 않기 위해서이다.

9번 코끼리: 9번 유형은 남에게 쉽게 동의하고 위안을 주며 자족적이고 수용적인 사람들로 우리는 이 사람들을 평화주의자라 칭한다. 모든 것에 합당한 일리가 있다고 믿을 뿐만 아니라 성격이 느긋하고 어떤 일에도 잘 나서지 않는 유형으로 타인의 의견을 잘 받아들이며 타인에게 안정감과 신뢰감을 준다. 9번 유형의 기본 동기는 '평화로워야 한다'이다. 에니어그램의 왕관으로 부르는 9번 유형은 가장 꼭대기에 위치한다. 1번 유형의 이상주의와 2번 유형의 관대함, 3번 유형의 매력, 4번 유형의 창조성, 5번 유형의 지성, 6번 유형의 충실함, 7번 유형의 유쾌함, 8번 유형의 힘을 가졌지만 정작 자신의 정체성을 가지고 있지 않다. 타인과의 관계에서 분쟁과 다툼을 싫어하고 평화를 유지하고자 하기에 어떤 사람과도 원만하게 잘 지내려고 하며 어떠한 상황에서도 갈등이 일어나지 않기를 원하기에 타인에게 문제가 발생하면 축소 시키려고 한다. 타인과의 논쟁에서 신경을 꺼버리며 분노가 일어나더라도 부인하거나 마음속으로 간직하지만, 내면에는 고집스러움과 저항을 간직하고 있기에 이들을 진심을 파악하기 위해서는 진심으로 관심을 가지고 귀 기울어야 한다. 모든 유형 가운데서 가장 내면으로 움츠러드는 유형이다.

에니어그램 9가지 성격유형의 특징

가슴형		머리형		행동형	
장점	단점	장점	단점	장점	단점
2번 유형		5번 유형		8번 유형	
동정심이 많고 이해심이 많고 봉사적이고 관대하고 사랑을 베품	아첨을 잘 하고 의존적이고 목적적이고 유혹적 임	객관적이고 현명함하고 분석적이고 관찰적이고 초연적이고 예민함	사색적이고 내성적이고 소극적이고 인색하고 오만함	겁이없고 자신감 있고 현실적이고 활발하고 정열적 임	공격적이고 반항적이고 오만하고 자기 중심적이고 가혹함
3번 유형		6번 유형		9번 유형	
자신감 있고 긍정적이고 실용-적이고 부지런하고 효율-적이고 목표지향적 임	허영적이고 나르시스적이고 허위적이고 의식적이고 무정함	믿을 수 있고 충실하고 친절하고 현명하고 남을 존중하고 용감함	방어적이고 겁이 많고 의심이 많고 불안해 하고 권위적임	평화적이고 인내심이 강하고 침착하고 온순하고 끈기 있음	결정을 못하고 게으르고 건망중이 있고 허무주의적 임
4번 유형		7번 유형		1번 유형	
예술적이고 예민하고 독창적이고 교양있고 감성적임	소유욕이 강하고 우울하고 과민하고 자기학대적 임	낙관적이고 쾌활하고 상상력이 풍부하고 모험을 좋아함	쾌락적이고 산만하고 쉽게 중독되고 자제력이 없고 광적임	원칙주의적이고 이상적이고 정돈을 잘하고 부지런하고 윤리적임	엄격하고 비판적이고 유연하지 못하고 남을 판단하고 독단적임

에니어그램 성격유형을 깊게 파고들면

지금까지도 에니어그램 성격유형이 재밌다면 이 부분이 궁금해질 것이다. 그렇지 않다면 그냥 눈으로 '에니어그램이 이렇구나' 정도로만 보면 된다. 이 부분을 읽고도 재미있다면 돈 리처드 리소와 러스 허드슨의 『에니어그램의 지혜』를 읽어보길. 이 책은 앞에서 언급한 『에니어그램의 성격유형』보다 좀 더 자세하게 설명하고 있다. 이 역시 좀 두껍지만 여기까지 왔다면 재미있을 것이다. 그래도 여전히 재밌다면 심리학 전공을 권해본다.

현대의 에니어그램 성격유형은 고대 전통의 지혜와 현대 심리학이 결합 되어 체계화된 학문이다. 에니어그램은 사람의 성격을 3가지 힘의 중심과 넓게는 9가지 성격유형으로 구분하고 있다. 모든 사람은 9가지의 성격 중 하나의 성격유형에 속하며, 어떤 한 유형이 더 우월하거나 열등함이 없이 모두 장·단점을 가지고 있다. MBTI가 융의 심리학에서 시작되었다면, 에니그램은 고대 이집트에서 출발하였다고 한다. 고대 계급사회에서 지배자들이 피지배자들이나 노예들을 지배하기 위해서 그들의 특성을 9가지로 파악하여 '어떤 유형은 이러이러한 특성이 있으니 이러한 방법으로 다루면 더 효율적이겠구나'를 알아가는 방법으로 사용했다. 그것이 현대로 이어져 내려온 것을 더 공교하게 체계화한 것이 지금의 에니어그램이다. 요즘은 에니어그램을 동물과 연결하여 쉽고 재밌게 알려주기도 한다.

심리학으로 파고 들어간다면 에니어그램은 진정한 나는 누구인가? 하는 의문을 가지고 참 나를 찾아 떠나는 자신의 내적 성찰을 위한 긴 여정이다. 우리가 어떻게 자신의 근본적인 성격 안에 묶여 반응하는지를 알 수 있도록 도와줌으로써 진정한 자아에 이르도록 하는 탐구 과정이다. 자신의 성격유형을 인식함으로써 우리가 그렇게 반응하고 싶지 않아도 성격유형에서 나오는 자동적인 반응을 멈추게 하기 위해서이다. 이러한 과정을 통하여 내 안에 있는 참 자아를 찾아가는 여정이다.

에니어그램의 역동성과 변형

에니어그램은 자신의 기본 유형 외에도 날개와 헥사드(화살표), 분열과 통합, 발달 단계에 대해 설명하고 있으며, 이러한 요소에 따라서 조금씩 다른 성격특성을 보인다. 따라서 각 성격유형은 주된 날개와 보조날개에 따라, 통합 또는 분열로 움직이는 방향에 따라 여러 가지 역동적인 모습을 보인다. 에니어그램의 전반적인 성격을 이해하기 위해서는 각 개인의 기본 유형과 주된 날개와 보조날개, 통합과 분열의 방향을 알아야만 이해할 수 있다.

날개란 기본 성격유형의 양쪽에 있는 인접한 유형 중에 어느 쪽의 기능을 더 많이 사용하느냐에 다라 주된 날개와 보조날개로 나누어진다. 양쪽 날개 모두를 가지고 있는 경우도 있지만 대부분의 사람들은 하나의 주된 날개를 사용한다. 기본 유형이 전체적인 성격을 지배하는 반면, 날개는 전체 성격의 '두 번째 면'으로 전체 성격을 보완한다. 날개는 기본성격유형을 더 잘 이해할 수 있게 하며, 기본 유형이 같더라도 주된 날개가 무엇이냐에 따라 전체적인 성격이 달라진다. 예를 들어 기본 유형이 8번이라면 양쪽 좌, 우에 있는 7번과 1번 유형 중에 우세한 주된 날개와 덜 사용하는 보조날개를 가지게 되는 것이다. 따라서 9개의 기본 유형과 두 개의 날개를 결합하면 부속유형이 18개로 나누어진다. 이것을 그림으로 나타내면 아래와 같다.

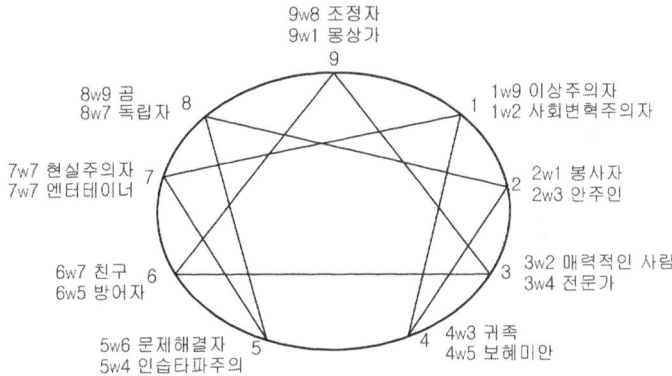

에니어그램 날개에 따른 명칭

통합과 분열은 개인의 심리적 성장과 퇴보를 반영한다. 에니어그램의 각 유형들은 건강해지거나 불건강해짐에 따라 기본 유형에서 각각 통합 또는 분열의 화살표 순서로 연결되어 있다. 이는 에니어그램의 각 성격유형들이 정적인 것이 아니라 건강해지거나 불건강해짐에 따라 통합 또는 분열의 방향으로 그 에너지가 이동하고 있음을 알게 된다. 통합의 방향은 1→7→5→8→2→4→1, 9→3→6→9로 진행되며, 분열의 방향은 1→4→2→8→5→7→1, 9→6→3→9로 진행된다. 예를 들어 8번이 향하는 2

번과 5번 중에 2번의 점수가 더 높으면 화살표가 2번으로 향하게 되며 이는 통합이 되고, 5번 점수가 더 높으면 화살표 방향이 5번으로 향하게 되며 이는 분열이 된다. 분열과 통합의 방향은 건강상태와 밀접한 것으로 건강한 방향은 통합의 방향이며, 불건강한 방향은 분열의 방향이 된다. 통합은 자신이 받아들여지는 편안한 상태이며, 긍정적인 에너지를 주고 건강과 성숙한 상태를 나타내는 방향이다. 통합은 무의식적인 행동이 아니라 의식적으로 자신의 성격유형이 가지고 있는 강박적인 짐을 내려놓기 시작할 때 건강한 방향으로 향하게 된다. 따라서 통합의 방향은 사람들의 기본성격유형에서 고착되는 상태를 치유할 수 있는 치료제라고 할 수 있다. 분열은 불건강한 방향으로 향하게 되는데, 긴장과 위협적인 상황에서 스트레스가 증가하는 시기에 나타나는 부정적인 에너지이다. 분열의 방향은 무의식적이고 충동적인 것으로 그 유형의 한계에 다다랐을 때 어떤 행동을 하는지와 무의식적인 동기가 무엇인지를 보여준다. 역설적으로 우리가 통합으로 가려면 어떤 자질을 가져야 하는지를 보여준다. 이것을 그림으로 나타내면 아래와 같다.

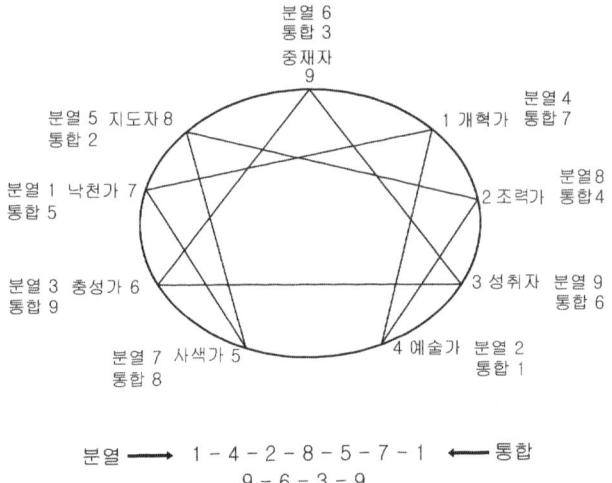

발달수준

발달수준은 각 성격유형의 수준 단계를 관찰하고 측정할 수 있는 방법을 제시한다. 이는 에니어그램의 수직적이고 수평적인 차원을 명확하게 구분하고 있으며, 완전한 심리체계는 수직과 수평의 수준을 포함해야 한다. 에니어그램 성격은 다른 성격유형과 차별적인 역동성을 가지고 있다. 이는 우리의 기본성격유형은 바뀌지 않지만 어떤 수준에 있는가 하는 인격은 한 가지 범위에 머무르지 않고 다른 범위의 인격으로 옮길 수 있는 것을 뜻한다. 각각의 유형은 건강한 범위, 평균 범위, 불건강한 범위로 세 가지로 나누어지며 세 범위는 다시 건강한 수준(1, 2, 3), 보통 수준(4, 5, 6), 불건강한 수준(7, 8, 9) 세 수준으로 나누어져 있다. 우리의 심리적 상태는 항상 변하지만 무게 중심은 아주 서서히 변한다. 보통 인생에서 심각한 위기사항을 겪은 후나 오랫동안 노력의 결과로 바뀐다. 자신이 어떤 수준에 있는가를 아는 것은 자기와 타인을 이해하는데 중요한 과제이다. 실제보다 더 건강한 수준에 있다고 스스로를 속이고 있다면 에니어그램의 지혜는 아무런 도움이 될 수 없다. 보통범위(4, 5, 6수준)에 있을 때는 본인의 에고 정체성과 동일시하며, '깨우는 신호(wake-up call)'는 건강한 범위(1, 2, 3수준)에서 보통으로 이동할 때 나타난다. 발달수준에 있어서 1수준의 개인은 최상의 가장 진실한 자기 자신을 찾으며 기본적인 두려움에서 개인은 자유로워지며, 균형과 자유를 얻는다, 2수준의 개인은 자아 방어와 자아의 결과로 인한 불안수준이 시작되고 개인의 인지양식과 자아감이 작용한다. 3수준의 개인은 자아보다는 사회적인 가치수준에 주의를 모으며, 여전히 건강한 상태이다. 보통범위에서는 특정 방식으로 주위 사람들을 대하고 타인들이 본인처럼 그렇게 반응해 주기를 바라는 사회적 역할을 중요하게 여긴다. 4수준에서 황금율이 적용된다("네가 대접한 대로 남으로부터 대접받는다"). 4수준의 개인은 자신의 발달과 관심을 저해하는 특성적 기질에 압도당하여 방어는 증가하고 자아는 높아지며 불균형이 발생한다. 5수준의 개인은 환경과의 상호관계 속에서 타인을 통제하려 들며 자아가 팽창 한다. 자아의 팽창은 불안을 야기하며, 성격은 방어적이고 자기중심적이 되며 각 유형의 왜곡상황이 발생하는 전환점이 된다. 보통범위의 가장 낮은 6수준에서는 납의 원칙이 적용된다("네가 두려워하는 것을 다른 사람에게 하라"). 6수준의 개인은 개인이 원했던 바를 성취하기 위해 과잉으로 보상을 바라고 극단적인 형태를 보이며, 타인과의 갈등은 개인이 자기팽창을 유지하기 위해 자기중심적으로 행동패턴이 이루어진다. 건강하지 않은 수준으로 옮겨갈 때 '적기신호(red flag fear)'가 나타난다. 이는 심각하고 긴박한 경고신호이며 두려움이 엄습하게 된다. 불건강한 수준(7, 8, 9수준)으로 떨어지는 경우는 잘 없지만 떨어지기 전에 쇼크포인트(shock point)를 만나게 되는데 이는 개인의 삶에 있어서 중요한 사건과 연결된다. 불건강한 범위로 떨어지면 자신의 진정한 본성에 처해있는 연결성을 잃게 되어 본인의 삶에 대한 통제력을 상실하게 된다. 이러한 상태가 DSM-IV의 성격장애가 된다. 7수준의 개인은 생존전략을 채택하여 타인과의 관계에서 갈등을 겪게 되며, 자아를 강화하기 위해 불안에 휩싸이게 되며 이러한 반응으로 심각한 대인관계와 심한 불균형으로 건강하지 못하다. 8수준의 개인은 심한 정신적인 갈등을 겪게 되며, 감정, 사고, 지각, 행동 모두 심각하게 왜곡되고 신경증적인 상태이다. 9수준의 개인은 신경

중적으로 변하여 병리적인 수준에 이를 수도 있으며. 심각한 쇠약 상태로 폭력이나 죽음이 나타난다. 수준이 올라가는 것은 기분이 올라가는 것이 아니다. 본질적인 존재와 연결되어 영적 성장의 단계에 있으면 '고요한 기쁨'을 느끼지만, 이는 기분이 좋은 상태와는 다르다.

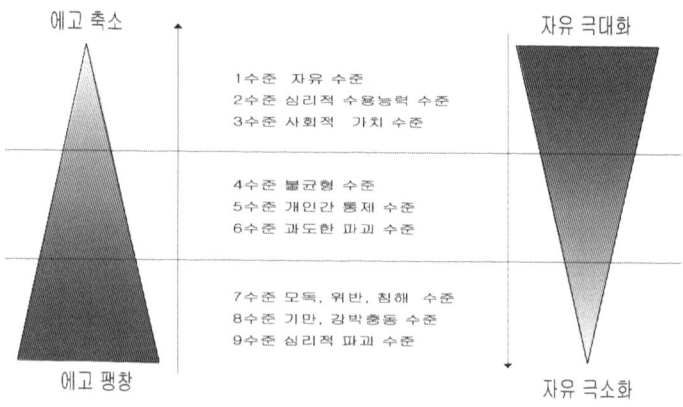

에니어그램 발달 단계

유형별 레벨 특징

		1번유형	2번유형	3번유형	4번유형	5번유형	6번유형	7번유형	8번유형	9번유형
건강한 레벨	1 레벨	지혜로운 현실주의자	사심없는 이타주의자	진정성 있는 사람	영감을 지닌 창조자	선구적인 비전가	용감한 영웅	황홀한 감시자	도량이 넓은 사람	침착한 안내
	2 레벨	합리적인 사람	배려하는 사람	자신감이 있는 사람	자기인식을 하는 직관자	지각력 있는 관찰자	호감이 가는 친구	자유로운 영혼의 낙천주의자	자신감 있는 사람	수용하는 사람
	3 레벨	원칙주의자	양육하는 조력자	뛰어난 귀감	자신을 들어내는 개인	집중력 있는 개혁가	혁신적인 일꾼	성취한 박학다식인	건설적인 리더	지지하는 평화주의자
보통 레벨	4 레벨	이상적인 개혁가	과장적인 친구	경쟁적 지위 추구자	상상력이 풍부한 심미가	학구적인 전문가	의무를 다하는 사람	경험 많은 괴변가	기업가적인 모험가	맞추어 주는 사람
	5 레벨	규율을 지키는 사람	조유적인 친밀한 사람	이미지를 의식하는 실용주의자	자기 몰입형 낭만주의자	강한 개념주의자	양면적인 비관주의자	과잉 활동적 외향적인 사람	지배적인 권력 조정자	거리를 두는 역할자
	6 레벨	판단하는 완벽주의자	자만심이 강한 성자	자기 선전적 자기 도취자	제멋대로 행동하는 예외자	도발적인 냉소가	권위주의적 반항자	과도한 쾌락주의자	반항하는 반대자	체념한 운명론자
불건강한 레벨	7 레벨	참을성 없는 혐오자	자기기만적 조작자	부정직한 기회주의자	소외된 우울한 사람	고립된 허무주의자	과잉반응 하는 의존자	충동적인 현실 도피자	비정한 무법자	부인하는 동네북
	8 레벨	강박적인 위선자	강압적 지배자	악의적 기만자	감정적 고통을 받는 사람	겁에 질린 외계인	편집증적 히스테리 환자	조울병적 강박	전능적 과대 망상자	단절하는 기계
	9 레벨	응징하는 복수가	심신증의 희생자	앙심을 품은 정신병자	자기 파괴자	정신 분열가	자기 파멸적 가학자	공포에 질린 히스테리 환자	폭력적 파괴자	자포자기한 유령

참고문헌

Riso, D. R., & Hudson, R. (2000). 에니어그램의 지혜. 주혜명 역. 서울: 한문화.

Riso, D. R., & Hudson, R. (2010). 에니어그램 성격유형. 윤운성 외 역. 서울: 학지사.

권후선(2021). 재소자의 범죄·성격유형과 심리적 안녕감 -자존감, 정서조절을 중심으로-. 영남대학교 박사논문.

권후선(2022). 성격유형 분석 도구로서의 에니어그램(Enneagram)에 대한 고찰. 사회과학연구소, 22(1), 57-84.

표지그림 : 최연주 일러스트레이터, hug(2022).